Peter Klimm

50 Französische Erinnerungsorte in der Pfalz

Wellhöfer Verlag
Ulrich Wellhöfer
Weinbergstraße 26
68259 Mannheim
Tel. 0621/7188167
www.wellhoefer-verlag.de

Titelgestaltung, Satz und Layout: Bittner-Dokumedia, Hoisdorf
Bildmaterial: Die Bilder entstammen den Archiven des Autors und des Verlags. Der Autor und der Verlag danken all denen, die ergänzendes Bildmaterial zur Verfügung gestellt haben, insbesondere: Stadtarchiv Landau; Historisches Museum der Pfalz, Speyer; Technik-Museum Speyer; Enkenbert Museum Frankenthal; Theodor-Zink-Museum Kaiserslautern (Leihgabe Familie Ulla Schott, Winnweiler); Bistumsarchiv Speyer.

ISBN-Nr. 978-3-939540-26-7

Peter Klimm

50 Französische Erinnerungsorte in der Pfalz

Eine Spurensuche

wellhöfer Verlag

Inhalt

Vorwort

Die ganze Geschichte vergessen? 1000 Jahre gemeinsame Geschichte vergessen? 1000 Jahre deutsch-französische Geschichte auf pfälzischem Boden und nur wenige sichtbare Spuren? So will es scheinen. Das ist auch der Grund für dieses Buch, das Erinnerungsorte dieser Geschichte aufsucht. Und dabei Geschichten erzählen kann.

Es wurde zu schnell zu viel vergessen. Eine Entwicklung, die sich seit dem Abzug der französischen Militärmacht aus der Pfalz nur noch beschleunigt hat. Das allgemeine Geschichtswissen verflüchtigt sich. Das spezielle historische Wissen verbindet sich meist nur noch mit einzelnen Themen. Dass eine Region eine durchgehende Geschichte hat, wird kaum noch wahrgenommen. Auch nicht im Europa der Regionen. Ganze Landstriche werden in Deutschland derzeit zu Orten ohne Erinnerung. Schwierig wird es, wenn die regionale Geschichte mit der des Nachbarvolkes eng verknüpft ist und die Darstellung den Blick weit über den eigenen Tellerrand erfordert. Dabei wird sichtbar, welch herausragende Geschichtsregion die Pfalz gerade durch die französische Nachbarschaft ist, dass Pfälzer die französische Geschichte mitgestaltet haben und dass die Erzählung davon mehr als eine Randnotiz verdient.

Schon vor über einem halben Jahrhundert haben europäische Studenten den Schlagbaum am Germanshof in der Südpfalz symbolisch niedergerissen. Heute sind die Grenzen offen und leicht passierbar. Man hat große Erwartungen nach dem Fall der Schlagbäume in den neunziger Jahren gehegt. Der „Kleine Grenzverkehr“ hat sich seither nicht so stark intensiviert, wie es viele vielleicht erwartet und erhofft hatten. Die Teilräume der europäischen Großregion (Saar-Lor-Lux-Rheinland-Pfalz) sind sich ziemlich fremd geblieben, wirtschaftlich mit schwierigen Transformationen belastet. Die Verwaltungen, Kulturen, Mentalitäten sind unterschiedlich und die Grenzen bleiben in den Köpfen bestehen. Im Alltag stört das wenig. Doch für eine glückliche gemeinsame Zukunft von Nachbarvölkern im Herzen Europas sollte dies kein fortdauernder Zustand sein. Der elsässische Dichter André Weckmann hat vor einem Jahrzehnt zum Zusammenleben an der deutsch-französischen Grenze festgestellt, was heute leider immer noch gilt: „Auch wenn man beim anderen einkauft, schlemmt oder Kultur und Natur genießt. Im Grunde genommen, was weiß man von ihm? Was will man von ihm, über ihn wissen? Er ist eben der Andere.“

Weckmann fügt aber gescheit hinzu, dass ich auch „sein Anderer bin" – immerhin ein Anfang.

Es ist eine Binsenweisheit nicht nur von Sonntagsrednern, dass niemand eine rechte Zukunft haben kann, der nicht weiß, wo er herkommt, der seine Vergangenheit nicht kennt. Die gegenseitige Geschichtskenntnis bei Deutschen und Franzosen hat bekanntlich keine breite Grundlage. Dies wird sich mit dem im Entstehen begriffenen großen deutsch-französischen Geschichtswerk sicherlich verbessern. Da werden dann die großen Linien der Geschichte nach beiderseitiger Quellenkenntnis und mit den Methoden moderner Geschichtsschreibung unter Beachtung opportuner Paritäten nachgezeichnet. Eine regionale Beleuchtung der historischen Ereignisse wird dadurch nicht überflüssig und sie erreicht auch ihren Zweck auf anderer Basis.

Erinnerungsorte sollen uns dabei helfen. Immer wieder verweisen diese auf unselige Ereignisse von Krieg und Zerstörung, auf Machtausübung und deren Folgen. Man kann dies vergessen, besser aber erscheint uns ein reflektierter Umgang mit leidvoller Geschichte, ihre vorurteilsfreie Erforschung und schließlich auch ihr möglicher Beitrag zum Verständnis über Grenzen hinweg.

Erinnerungsorte sind dabei ein guter Ausgangspunkt. Seit der französische Historiker Pierre Nora solche Stätten (lieux de mémoire) ins Bewusstsein der sich mit Identitätsproblemen abmühenden Öffentlichkeit gerufen hat, sind sie populär geworden. Wir haben sie gerne im Hinblick auf pfälzisch-französische Ereignisse aufgesucht, sie aber nicht immer leicht gefunden. Manche bleiben in gewöhnlicher Umgebung verborgen, man nimmt sie gar nicht mehr als Erinnerungsorte wahr. Sie haben ihre eigene bauliche Substanz verloren, sind überbaut, überwuchert, halbe oder ganze Ruinen. Manche wurden in etwas Späteres integriert, ohne einen nennenswerten Abdruck hinterlassen zu haben oder bestehen als unkenntlich gewordene Reste in neuen Zusammenhängen. Andere haben gar kein gegenständliches Zeichen mehr vor Ort oder dieses Zeichen ist im Museum gelandet.

50 markante Erinnerungsorte werden hier aufgezeigt. Natürlich ließen sich noch viele mehr finden. Sie sind von der historischen Sachlage her nicht gleichmäßig im Land verteilt. Sie erinnern leider oft an Krieg und Nachkrieg, an Zerstörung eher als an Aufbau, sie sind öfter Symbole als Artefakte oder Denkmäler. Es ist zu hoffen, dass künftige Stätten einmal an zivilere Verhältnisse erinnern können.

Die Erinnerungsorte werden im ersten Teil des Buches in alphabetischer Folge in Wort und Bild vorgestellt. Der zweite historische Teil hilft, sie in den Zusammenhang der Geschichte einzuordnen. Denn in diesem ebenfalls bebilderten längeren Textteil wird versucht, eine Darstellung der über 1000 Jahre bestehenden pfälzisch-französischen Beziehungen zu leisten. Selbstverständlich kann dabei nur ein Abriss geboten werden. Es ist ja an sich erstaunlich, dass erst in diesem Jahr eine monografisch abgehandelte Geschichte der Franzosen in der Pfalz aus der Feder eines Fachhistorikers erschienen ist. Deren Autor Dr. Michael Martin verdankt die vorliegende Publikation Anregung und Hilfe. Gedankt sei auch Dr. Tekampe vom Historischen Museum der Pfalz in Speyer und den Stadtarchivaren Dr. Nestler, Frankenthal, und Frau Hopstock, Speyer. Ganz besonderer Dank gilt dem Verleger Ulrich Wellhöfer für seine engagierte Begleitung des Projekts. Ohne ihn wäre dieses Buch nicht zustande gekommen. Meiner Frau Marjorie, einer Französin, die mir bei der Klärung vieler Fragen geholfen hat, widme ich dieses Buch.

Peter Klimm

Historischer Abriss der pfälzisch-französischen Beziehungen

Im frühen Mittelalter gehörte das Gebiet der heutigen Pfalz zur Hinterlassenschaft des untergegangenen Römischen Reiches. Linksrheinisch gelegen geriet diese von den Römern schon recht kleinteilig erschlossene Gegend in den Wirren der Völkerwanderung unter die Herrschaft fränkischer Stämme. Es waren die Franken, deren Fürsten in merowingischer und darauffolgend karolingischer Zeit auch über einen Großteil des heutigen Frankreich geboten. Eine frühe Gestalt, der Merowingerkönig Dagobert, „der gute König Dagobert", ist in französischer wie pfälzischer Erinnerung gegenwärtig. Im französischen Volkslied ist Dagobert populär, weil er seine Hosen verkehrt herum trägt und in unserer Sagenwelt versteckt er sich hinter einer Hecke bei Frankweiler vor seinen Verfolgern. Das Land, in dem sich dieses abspielte heißt heute „Wasgau". Den viel weiteren Gebirgszug zwischen Hochburgund und dem Fluss Nahe nannten schon die Römer „mons Vosegus", im Elsass liegen die Vogesen, „les Vosges", im Nibelungenlied ist vom „Wasigen-Walt" die Rede, eine „Brückenlandschaft der Geschichte" hat man die Region genannt und Franzosen wie Deutsche haben daran teil. Frühe Schenkungen aus fränkischem Königsgut begünstigten auch die Bistümer Reims und Verdun auf pfälzischem Boden. Bei Kusel am oberen Glan entstand wahrscheinlich zu Beginn des 11. Jahrhunderts durch französische Mönche ein Kloster, St. Remigii, nach dem Klosterpatron Remigius aus Reims benannt, der einst den Frankenfürsten Chlodwig bekehrt hatte. Der idyllische Landstrich im Nordwesten der Pfalz heißt noch heute „Remigiusland".

Unter Karl dem Großen/Charlemagne war die fränkische Staatsbildung zu ihrem Höhepunkt gediehen: Es entstand das päpstlich beglaubigte große Frankenreich, ein christlich-europäisches Reich, ein Kerneuropa, das alsbald in Teile zerfiel. 843 wurde seine Dreiteilung zu Verdun unter den Söhnen Karls besiegelt. Ein fränkisches West- und ein Ostreich entstand und dazwischen Lotharingien, ein Pufferstaat und Zankapfel der anderen beiden, damals von Utrecht bis bald Marseille reichend und auch später noch bedeutend größer als die heutige namensführende Provinz Lorraine/Lothringen in Frankreich. Diese Teilung hatte enorme Folgen, denn sie steht am Beginn einer Auseinanderentwicklung von Kulturräumen: politisch, sozial, kulturell und nicht zuletzt natürlich sprachlich. Die Teilung begünstigte die Entwicklung einerseits des Altfranzösischen, andererseits des Alt- und Mittelhochdeutschen. Die Teilung war aber auch die Folge eines schon lange vorher einsetzenden Prozesses. Im westlichen Teil des romanisierten Gallien entwickelte sich über viele Stationen und Jahrhunderte hinweg der französische Nationalstaat, während im Osten die deutsche Reichshälfte als Ensemble und Widerspiel von Stammesfürstentümern emporwuchs. Natürlich setzte auch hier eine Eigenentwicklung ein, wenn auch mit dem besonderen Anspruch, die „wirkliche Nachfolge" des Heiligen Römischen Reiches angetreten zu haben, mit dem späteren Zusatz „deutscher Nation". Weder ein Frankreich noch ein Deutschland in unserem heutigen Sinne gab es vor 1000 Jahren. Allenfalls die wenigen Gebildeten und politischen Meinungsführer standen im Austausch und verständigten sich auf Latein. Die vielen anderen dachten nicht über den Tellerrand ihrer jeweiligen lokalen Zugehörigkeiten hinaus.

Die Dagoberthecke in Frankweiler

In diesem Kerneuropa, also in diesen drei Reichen und darüber hinaus, gab es ähnliche dynastische Herrschaftsverhältnisse und eine feudale Abhängigkeitskultur zwischen Fürsten, Adel und Volk. Verbindend wirkte die römisch-katholische Kirche als Machtfaktor und Kulturträger ebenso wie eine gemeinsame lateinische Tradition der Mönche und Gelehrten. Schließlich waren die Länder links und rechts des Rheins bäuerlicher Boden, mit wenigen Orten oder festen Sitzen. Ähnlich strukturiert waren in beiden Landstrichen auch die Klöster, deren Regeln von den über Grenzen hinweg wirkenden Orden bestimmt wurden. Es bestand vor 1000 Jahren also eine uns vielleicht überraschend erscheinende einheitliche Kultur in Lebensweise, Handel, Geisteshaltung und Gottbezogenheit.

Wo es Teilung gibt, gibt es auch Versuche der Revision. Das Ereignis von 843 rückgängig zu machen oder zumindest zu korrigieren, hat mancher der Herrscher gewollt. Doch Tatsache ist, dass um 1000 die Trennung Deutschlands und Frankreichs politisch längst vollendet war. Historiker setzen auch das Jahr 923 als Datum, als mit der Niederlage des karolingischen Westfrankenkönigs Karls des Einfältigen gegenseitige Ansprüche auf Dauer unterblieben. Die fränkische Oberschicht im Westen hatte damals schon ihr heimatliches germanisches Idiom aufgegeben. Die Abgrenzung war das Ergebnis eines langen Prozesses. Von nun an gab es über dreieinhalb Jahrhunderte hinweg keine wesentlichen Verschiebungen. Es gab immer wieder Unruhen an den Grenzen, in der Regel in Folge von Erbstreitigkeiten der Könige. Mit nationalen Ansprüchen hatte das nichts zu tun. Revisionsversuche prägten die Streitigkeiten um Lothringen beziehungsweise Burgund über die Jahrhunderte hinweg.

Es war ja sogar von Anfang an umstritten, dass die Pfalz zur östlichen Reichshälfte gehören sollte. Der am Rhein so trefflich gedeihende Wein, den die Römer dorthin gebracht hatten und den es auch an den Hängen der Haardt schon gab, konterkarierte einen Grenzverlauf am Rhein. Schließlich wollten die Ostfränkischen auch Zugriff auf eine herausragende Weingegend haben. Ludwig der Deutsche bekam das Land „propter vini copiam“, wegen der ausgedehnten Weinlagen. Eine geographisch klar definierte Grenze gab es nicht. Erst im Zeitalter des Humanismus stießen Frankreichs Gelehrte bei der Lektüre antiker Autoren wie Strabo oder Caesar auf die Rechtfertigung „natürlicher“ Grenzen Galliens: Meer, Pyrenäen und Rhein. Immer wieder haben die Franzosen dann den „cri du Rhin“, den Ruf des Rheins vernommen – und es war nicht der Ruf der Loreley für romantische Rheinreisende. Spätestens unter dem Sonnenkönig Ludwig XIV., also zu Zeiten, da sich der französische Nationalstaat offensiv abrundete, stand diese Grenzziehung auf der Tagesordnung. Die Definition von Frankreichs „natürlichen Grenzen“ wurde im 17. Jahrhundert französische Staatsräson und bewegte die gemeinsame pfälzisch-französische Geschichte zum Schlechten hin.

1000 Jahre nach der Reichsteilung begab sich im Jahr 1843 eine pfälzische Festgesellschaft von Landau aus auf die Madenburg, um das Millennium gebührend zu feiern. Doch auch diese harmlose Erinnerung, der man sich umso ungestörter hingeben konnte, als die Franzosen jetzt schon eine Generation lang aus dem Land waren, endete in einem Debakel. Ein heftiger Regen verhinderte eine geordnete Flucht der Festgäste den Berg herunter: das Ereignis ging als die „Eschbacher Rutschpartie“ in die Annalen ein. Das deutsch–französische Gelände blieb weiterhin rutschig.

Der Rutschbrunnen in Eschbach

Im Hochmittelalter gab es solche Konflikte um die Rheingrenze und um den Bestand der Pfalz noch nicht. Es gab ja auch noch nicht die Pfalz. Es gab später die „Kurpfalz“, also Teile Nordbadens und der heutigen Pfalz. Die Pfalz, das waren Gebiete unter verschiedenen Herren in der Region. Erst im 19. Jahrhundert bildete sich eine Pfalz-Identität nach heutigem Verständnis heraus. Als im 10. und 11. Jahrhundert das fränkische Grafengeschlecht der Salier aus seiner Provinzialität zur Reichsdynastie aufstieg, zur Königs- und Kaiserwürde gelangte und damit zwischen 1024 und 1125 die Geschicke des Reiches lenkte, war der erstaunliche Vorgang natürlich mit einer Aufwertung dieser Region verbunden. Heute noch sichtbare Zeichen dieser Herrlichkeit sind der Speyerer Kaiserdom und die großartige Ruine der ehemaligen Benediktinerabtei Limburg bei Bad Dürkheim, letztere vom Erbauer des Doms, Konrad II., auf seinem salischem Eigengut gestiftet. Der Speyerer Dom wurde zur Begräbnisstätte der salischen Herrscher und damit zu einem Symbolort ersten Ranges. Verstärkt wurde dies noch dadurch, dass auch die nachfolgenden Stauferkönige sich dort beerdigen lassen wollten und dass noch fast zwei Jahrhunderte später der Begründer der Habsburger Dynastie, Rudolf I., im Speyerer Dom seine letzte Ruhestätte fand. Ein solch symbolischer Ort im später zwischen Deutschland und Frankreich so umstrittenen Gebiet geriet zwangsläufig in den Fokus historisch aufgeladener Betrachtung.

Die Salier als deutsche Reichsfürsten handelten dynastisch und übernational. Das zeigten auch ihre Ehen. Der Sohn des Domgründers Konrad II., Kaiser Heinrich III., war seit 1044 mit Agnes von Poitou, der Tochter des Herzogs Wilhelm von Aquitanien, verheiratet. Sie war eine hohe Dame aus burgundischem Adel, durchaus keine Nebenfigur. Nach dem Tod ihres Mannes hat sie das Reich an Stelle und im Namen des noch jugendlichen Königs regiert. Sie war eine ernste Sachwalterin des Reichs. Dem hohen Amt soll sie letztlich jedoch nicht gewachsen gewesen sein. Wie Agnes kam auch die Gattin des folgenden Kaisers Heinrich IV. aus der Romania, Bertha war von savoyischem Adel. Sie ist im Dom begraben.

Agnes von Poitou mit Kaiser Heinrich III. vor dem Dom zu Speyer

Der Dom zu Speyer ist ein Bauwerk, das unter Heinrich IV., dem Kaiser, der nach Canossa gehen musste, seine imperiale Gestalt erhielt. Dieser Dom wurde wie der etwa gleichzeitig errichtete Klosterbau im burgundischen Cluny zum herausragenden Monument christlich-abendländischer Baugesinnung. Hochromanischer Baustil, Bautechnik und Bauzier finden sich hier wie dort. Maurer und Steinmetze waren an beiden Orten meist Wanderarbeiter, beispielsweise aus der Lombardei. Der Geist der Frömmigkeit war derselbe. Es gab die christliche Gemeinsamkeit, die nationale Ausprägungen immer noch überformt hat. Eine Tatsache, die auch in den folgenden Jahrhunderten Gültigkeit behalten sollte.

Die Kreuzzüge wurden von der französischen Ritterschaft angestoßen. Sie fanden auch auf deutschem Boden ihre Anhänger. Den zweiten Kreuzzug setzte der französische Ordensgründer und Kirchenpolitiker, der Heilige Bernhard von Clairvaux, durch. Ausschlaggebend waren dabei seine Weihnachtspredigt im Speyerer Dom im Jahr 1146 vor Kaiser, Fürsten und Volk und die Überzeugungskraft seiner Worte. Dieses Ereignis hat sich in die Geschichte eingeschrieben, umrankt von Legenden und Volkssagen vor Ort. Im Mittelgang des Domes finden sich in Steinmedaillons eingelassen die Worte Bernhards, die er hier in diesem Mariendom gesprochen haben soll: o clemens, o pia, o dulcis virgo Maria.

Bernhard von Clairvaux in Speyer

Frankreich war 1214 mit seinem Sieg über Otto IV. zu Bouvines zur Vormacht in Europa geworden, getragen auch von seiner kulturellen Dominanz. Frankreichs Leistungen werden durch die Ausbreitung der Ritterkultur, der Wissenschaft und Theologie, der Literatur, der Volkssprache, aber auch des gotischen Baustiles, einer Schöpfung der Île-de-France, unübersehbar. Französische Innovationen wurden in Mitteleuropa gern aufgenommen. Ein großes Beispiel von Kathedralgotik gibt es in der Pfalz nicht, da muss man schon nach Straßburg fahren und kann eine Symbiose französischer und deutscher Baugesinnung erleben. Auch der Burgenbau profitierte von den französischen Neuerungen, beispielsweise in Neuleiningen. Erkennbar sind an der dortigen Burg etwa vorstehende Ecktürme zum besseren Schutz der Seiten. In der Pfalz (erbaut 1238-1241) sind wegen späterer Zerstörungen wenige erstklassige Zeugnisse des gotischen Baustils erhalten, viele davon sind Burgruinen. Und wie es die Dialektik der Geschichte will: die Zerstörungen haben häufig französische Urheber.

Burg Neuleiningen

In die deutsche Sprache sind im 12. Jahrhundert viele altfranzösische Wörter eingedrungen, manche von den Minnesängern, den Trouvères und den Troubadours und von den französischen Verfassern der Ritterepen. Im pfälzischen Umkreis ist der aus der Gegend von Kreuznach stammende Friedrich von Hausen ein Adept provenzalischer Versformen. Zwischen 1170 und 1190 hat er Kreuzzugs- und Minnedichtung verfasst. Er ist ein herausragender Vertreter dieses Genres. Auch der Lieddichter Graf Friedrich von Leiningen ist hier zu nennen. Halten wir die Sage um den französischen Sänger Blondel de Nesle für wirklich geschehen an, der seinen eingesperrten Freund, den englischen wiewohl frankophonen König Richard Löwenherz, auf der staufischen Reichsburg Trifels durch den Vortrag seines Erkennungsliedes gefunden haben soll. Sie gehört zu dieser Epoche und in diesen Umkreis. Der Trifels war ja nicht nur Hort der Reichskleinodien, sondern damals auch Staatsgefängnis für triftige Fälle. Einseitig war der Kulturaustausch zwischen französischen und deutschen Landen allerdings nicht. Denken wir an die Klosterkultur, die über die politischen Grenzen hinweg gewirkt hat. Nehmen wir als schönes Beispiel die aus pfälzischem Adel stammende Hildegard von Bingen, die im Doppelkloster Disibodenberg heranwuchs und deren Werke zu ihren Lebzeiten selbst in Paris zur Kenntnis genommen wurden.

Die Geschichte der bedeutenden rheinischen Städte von Basel bis Köln – also auf pfälzischem Boden Speyer – hat dort zu Eigenmacht und Eigensinn geführt, schließlich zu einer starken Stadtkultur. Diese umfasste Entwicklungen besonders was Befestigungsarchitektur und Hausbau anbetrifft, Zunftwesen und Handwerk ebenso wie Verwaltung und Recht, Münzwesen und all die Fertigkeiten, welche zur Ausschmückung religiöser Räume nötig waren. Gemeineuropäisch waren damals Wissenschaft, Religion, Bildung, Baustil und Kunst. Sie waren dem gegenseitigen Geben und Nehmen unterworfen, gerade in einem seit jeher zentral gelegenen Durchgangsland wie der Pfalz. Diejenigen Zentren, die zu privilegierten Städten, später zu freien Reichsstädten geworden waren – Speyer beispielsweise sehr früh im Jahre 1111 – wetteiferten mit den anderen Territorien, von den Grafschaften bis zu den Fürstentümern, um Macht und Einfluss. Boden- und Klimagunst und die geeignete Verkehrslage waren für die Gründung entscheidend. Kriegerische Auseinandersetzungen, Fehden und Erbfolgen bestimmten neben diplomatischem Geschick bei möglichen Koalitionen das Aussehen der Landkarte am Rhein. Die Pfalzgrafen bei Rhein, die Bischöfe von Mainz, Trier und Speyer, die Reichsstädte Worms und Speyer sowie Grafschaften wie Leiningen waren wichtige Figuren auf dem Schachbrett der Mächtigen. 1264 wurden die Besitzungen der Pfalzgrafen unter dem Namen Palatium = Pfalz zusammengefasst. Das Palatium bildete den Kern der späteren Kurpfalz. Die Kurwürde wurde 1356 durch die „Goldene Bulle Karls VI." bestätigt. Kurfürst Ruprecht I. gründete 1386 die Heidelberger Universität nach dem Vorbild der Pariser Sorbonne. Der erste Rektor in Heidelberg, Marsilius von Inghen, hatte vorher das Amt eines Prokurators und Rektors an der Sorbonne bekleidet.

Überwölbender Machtfaktor war natürlich der König beziehungsweise der Kaiser des Reiches. Dieser war jedoch ab der Mitte des 13. Jahrhunderts zunehmend abhängig von den Interessen und vom Wohlwollen der die Könige wählenden Kurfürsten. Die Abhängigkeit bezog sich auch auf die Kurpfalz. Kurmainz und Kurtrier waren wie Lothringen, Burgund und das westfränkische Reich Nachbarn, damit mögliche Betroffene und starke wechselseitige Einflussnehmer. 1444 tauchten erstmals französische Söldner auf pfälzischem Gebiet auf, die gefürchteten Armagnacs. 1492 näherte sich Kurfürst Philipp von der Pfalz an die Position des französischen Königs Karl VIII. an. und verärgerte damit Kaiser Maximilian, der damals mit Frankreich um das burgundische Erbe stritt. Mit dieser Hinwendung zu Frankreich zeigte der Kurpfälzer ein für das Fürstentum später beinahe typisch gewordenes Verhalten, eine Art Schaukelpolitik zwischen Habsburg und Frankreich, zwischen Reichstreue und abweichendem Eigeninteresse. Verständlich, schließlich hatte man Frankreich zum Nachbarn! Diese Politik war letztlich allerdings unheilvoll, weil sie in der Folge Frankreich zum streitlustigen und zerstörerischen Mitspieler auf pfälzischem Boden machte.

Zwischen dem Kaiser und seinem französischen Konkurrenten Franz I. hat auch der eigenmächtige und in pfälzischer Erinnerung verklärte Ritter (einer der letzten seiner Art) Franz von Sickingen geschwankt. Erst war er den Franzosen zugetan. Dann sammelte er im Auftrag Karls V. ein Privatheer, um an der Maas die französischen Streitkräfte zu besiegen, was allerdings fehlgeschlagen ist. Dann wandte er sich wieder der Ständepolitik im Reich zu. Der Ruf Sickingens, dem Herrn der Ebernburg in der Nordpfalz, rührte von seinem Charisma als ritterlicher Fehdeherr her, der, obwohl Repräsentant eines überholten Standes, durchaus auch Reformideen hegte. Seine Nähe zu Humanisten, sein Umgang mit Reuchlin und Hutten bezeugt es ebenso wie seine Rolle als Parteigänger und Schutzherr des aufkommenden Luthertums.

Geben und Nehmen waren im Zeitalter der Reformation und des Humanismus zwischen der Pfalz und Frankreich selbstverständlich. Besonders die Hohe Schule zu Heidelberg muss hier als Vermittler genannt werden. In diese Zeit fiel auch die Erfindung der Druckkunst. Speyer war einer der ersten Druckorte überhaupt. Speyerer Drucker haben beim Aufbau von Offizinen in Venedig ebenso wie in Lyon geholfen, so Johann Schwab in den letzten Jahren des 15. Jahrhunderts in der Stadt an der Rhône.

Mit Luther wurde vieles anders. Die Kurpfalz neigte sich der Reformation zu. Die Stadt Speyer profitierte von den machtpolitischen Konsequenzen des Religionsstreits zwischen Kaiser, Fürsten und Reichsstädten. Zwei bedeutende Reichstage 1526 und 1529 sowie die Einrichtung des Reichskammergerichts in der Stadt – aus Gründen der Machtbalance außerhalb habsburgischen Bodens – führten Speyer zu seiner zweiten historischen Glanzzeit. Doch die Auseinandersetzungen über die Religion sollten der Stadt und dem Land zukünftig Zerstörung und Bedeutungsverlust bringen. Die französischen Nachbarn waren dabei nicht unbeteiligt. Ihre Herrscher konnten sich die durch die Religionskriege hervorgerufene Schwächung des Reiches über Jahrhunderte hinweg zu Nutze machen.

Ein untergründig und langfristig wirkendes Ereignis war der Vertrag, den der zum Protestantismus übergetretene Moritz von Sachsen 1552 in Chambord mit Frankreichs König Heinrich II. über den Status der drei lothringischen Bischofsstädte Metz, Toul und Verdun abschloss. Frankreich sollte ein „Vikariat" über diese Städte erhalten, die dann prompt von den Franzosen besetzt wurden. Mit diesem Vertrag wollten sich protestantische Anführer im Reich französisches Wohlwollen und Hilfe gegen den Kaiser verschaffen. Dieser Vertrag, an dessen Zustandekommen auch der streitbare und in der Pfalz wütende Herzog Albrecht Alkibiades von Brandenburg mitgewirkt hat, eröffnete fremden Mächten territoriale Rechtsansprüche in der Region. Metz war schließlich mit dem westpfälzischen Gebiet eng verflochten.

Die Religion erwies sich als Treibsatz profaner Entwicklungen auch in umgekehrter Richtung. Auch Frankreich stand vor einem Jahrhundert schlimmer Religionskriege. Der aus der Picardie stammende Genfer Reformator Jean Calvin hatte mit seiner Lehre in der Kurpfalz mehr Erfolg als Luther. Das Ergebnis war, dass sich in Heidelberg der Calvinismus erst einmal durchsetzte. Ab 1563 wurde der „Heidelberger Katechismus" als Grundlage der reformierten Glaubenslehre auf calvinistischer Basis in der Kurpfalz verbreitet. Kurfürst Friedrich III. hatte dies bewerkstelligt. Schon unter seinen Söhnen spaltete sich der vorherrschende Glaube in eine reformierte und eine lutherische Richtung. Johann Casimir als Schutzherr der Reformierten schuf in Neustadt eine Hochschule, das Casimirianum.

In seinen Besitzungen dort und in Kaiserslautern, in Otterberg und Frankenthal bot Johann Casimir französischen Glaubensflüchtlingen Asyl. Es waren meist tüchtige Handwerker aus Nordfrankreich, besonders aber aus der Wallonie, die in der Pfalz Fuß fassten und – man denke beispielsweise an Lambrecht, an das genannte Otterberg, an Frankenthal und an Annweiler – beachtliche Gewerbe aufzogen. Auf kurpfälzischem Boden fanden die vertriebenen Hugenotten – es mögen einige Tausend gewesen sein – Aufnahme, obwohl sie sich theologisch von den pfälzischen Reformierten durch die von ihnen vertretene Prädestinationslehre doch sehr unterschieden.

Pfalzgraf Johann Casimir

Brunnen im Otterberg mit der Darstellung des Einzugs der Hugenotten

Nicht nur Asyl haben die Pfälzer den Hugenotten geboten, sie haben ihnen in Frankreich auch Militärhilfe geleistet. Denn seit 1583 hat Johann Casimir die Geschicke der Kurpfalz geführt. Er war wie so mancher aus seiner Dynastie französisch geprägt. In seinen jungen Jahren war er am Hofe des französischen Königs Heinrich II. erzogen worden. Aus dieser Zeit war er gut bekannt mit dem Hugenottenführer Henri de Condé. Condé und Casimir einigten sich auf ein Abkommen, das vorsah, dass der Heidelberger ein Hilfsheer von 12.000 Mann stellte, das von Condé bezahlt wurde.

Prinz Condé

Einfluss in französischen Angelegenheiten zu gewinnen, spielte eine Rolle, aber in erster Linie ging es um die Religionsfreiheit in Frankreich. Nach einem gemeinsamen Sieg hätte dann der Vertrag von Chambord vorgesehen, nicht mehr nur die Städte Metz, Toul und Verdun, sondern auch die dazu gehörenden Territorien dieser Bistümer dem französischen Freund zu überlassen. Außerdem wären die Gebiete protestantisch geworden. Condé selbst hat übrigens nie zahlen müssen. Ein Waffenstillstand der Religionsparteien war der kriegerischen Auseinandersetzung zuvorgekommen. Als 1585 mit dem Edikt von Nemours die Rechte der französischen Reformierten allerdings wieder zurückgenommen wurden, konnte die Kurpfalz nicht neutral bleiben. Sie griff zusammen mit Hessen in Frankreich ein und wurde 1587 geschlagen. Als Heidelberg Hochburg der reformierten Kirche in Deutschland war, studierten übrigens auch eine Menge entsprechend ausgerichteter französisch sprechender Studenten am Neckar.

Die Pfalz gehört zu den Regionen, die im Dreißgjährigen Krieg (1618 – 1648) am meisten in Mitleidenschaft gezogen wurden. Am Anfang standen bekanntlich die Ambitionen des kurpfälzischen Fürsten Friedrich V., der den geeigneten Moment gekommen sah, die Vormachtstellung Habsburgs im Reich zu brechen. Böhmens Krone errang der „Winterkönig" dann, doch mehr war nicht drin – und das war schon zuviel. 30 Jahre später war sein Land verwüstet, entvölkert und politisch degradiert. Frankreich griff erst nach 1630 aktiv ins Kriegsgeschehen ein. Kardinal Richelieu richtete Frankreichs Außenpolitik ganz auf die grundlegende Gegnerschaft zu Habsburg aus, dosierte aber fein seine Hilfen für die verbündeten Pfälzer. Überhaupt Richelieu! Unter seinem König Ludwig XIII. schuf er so etwas wie den „grand dessin", den Generalplan mit der Idee des Grenzsystems gegen Osten. Er wurde für die Deutschlandpolitik Frankreichs über Jahrhunderte hin wirksam.

Der Speyerer Bischof und Trierer Kurfürst Philipp von Sötern gab Anlass, dass Frankreich nun aktiv wurde. Denn der Bischof, der seine Residenz in Udenheim zur Feste Philippsburg hatte ausbauen lassen, stellte sich in den Schutz Frankreichs. Die Franzosen hatten damit einen militärisch bewehrten Stützpunkt auf der rechten Rheinseite zur Verfügung. Jetzt zogen französische Heere durchs Land, je nach Schlachtenglück kreuz und quer, und drangen 1639 und 1643 erneut in die Pfalz ein. Sie hatten es mit wechselnden Gegnern zu tun, denn es war ein europäischer Krieg, der sich in der Pfalz abspielte. Frankreich nahm teil, weil es seine Interessen im Machtspiel gegen die Habsburger in Wien und Spanien wahrnahm, auch in wechselnden Koalitionen. Das pfälzische Land lag am Boden, die meisten Dörfer und Städte waren zerstört und mit ihnen die Burgen und Herrensitze. Die Friedensverhandlungen zur Beendigung des Dreißgjährigen Krieges sahen eine gut gewappnete französische Diplomatie: Grundlagen für deren spätere Einflussversuche wurden im Westfälischen Frieden 1648 gelegt. Auch war Frankreich wie Schweden zur Schutzmacht, zu einer Art Schiedsrichter bei deutschen Fehden geworden. So etwa in der „lothringischen Fehde", als territoriale Ansprüche Lothringens auf westpfälzische Gebiete der Kurpfalz abgewehrt werden sollten. Der Einfluss Frankreichs auf deutschem Gebiet war, wie sich immer deutlicher abzeichnete, zu Ende des Dreißgjährigen Krieges beträchtlich gewachsen.

Die Pfalz, das geplagte Land an der westlichen Grenze des Reiches, sollte sich allerdings nach dem Dreißgjährigen Krieg überraschend schnell erholen. Unter ihrem Fürsten Karl Ludwig blieb die Kurpfalz bei einer gegenüber Frankreich freundlichen Politik. Die Konstellationen im Reich und die französische Nachbarschaft waren die Gründe dafür. Daran änderte auch der Gegensatz der Religionen nichts, hier Reformierte, dort Katholiken. Die Kurpfalz warb Ansiedler an, um die demographische Lücke zu schließen. Da kamen die französischen „Glaubensasylanten" gerade recht. Es waren diesmal aber nur wenige, denn sie suchten auch Sicherheit – und die war im fernen Brandenburg eher gewährleistet als in der Pfalz in französischer Reichweite. Im Heidelberger Schloss, der Residenz des Kurfürsten von der Pfalz, wurde jetzt ohne großen Luxus regiert, vorbildhaft für eine entsprechend zu motivierende Bevölkerung. Französische Beobachter haben sich darüber gewundert. Auch versuchte man, gegenüber dem Frankreich Ludwigs XIV., der mittlerweile den Thron bestiegen hatte, als freundschaftlicher Partner zu erscheinen. Dieser Ludwig aber hatte ganz andere Ideen von Luxus und Macht. Was in den Beziehungen zwischen Pfalz und Frankreich nun folgte, sollte als „das französische Jahrhundert" in die Geschichte eingehen.

Liselotte von der Pfalz

1671 wurde die Tochter Karl Ludwigs, Prinzessin Elisabeth Charlotte, aus Gründen der Staatsräson dem Bruder des Sonnenkönigs, dem Witwer Philipp von Orleans angetraut. Die lebenslustige 19-Jährige hatte keine Wahl. Als Liselotte von der Pfalz ist sie trotzdem zur Ikone unseres Landes auf beiden Seiten des Rheins geworden. Liselotte hat seit dieser Vermählung 50 Jahre lang auf Schlössern und in Palais in und um Paris gelebt. Ihre geliebte Heimat hat sie nie wieder gesehen, nie wieder sehen dürfen. Sie verkörpert die menschlich anrührende Seite dieses französischen Jahrhunderts in der Pfalz. Sie musste nicht nur „Monsieur" – so wurde ihr

Ehemann bei Hof genannt – ergeben sein und dadurch zu „Madame“ werden. Sie musste auch mit ansehen, wie in ihrem Namen und gegen ihren inneren Willen ihr Land im „Pfälzischen Krieg“ zerstört wurde. In ihrem Namen und ohne dass die den Pfälzern abgepressten Tributzahlungen ihr, der eigentlichen Erbin, gutgeschrieben worden wären.

Wenn man wissen möchte, was „contenance“ bedeutet, so kann man es anhand dieses Frauenlebens studieren. Denn wir haben es mit einem traurig stimmenden Lebenslauf zu tun. Durch Abertausende von Briefen, die Liselotte an ihre Verwandtschaft geschrieben hat, ist dieses Leben bei Hof dokumentiert. Doch das ist nur die eine Seite. Die andere liefert den Grund für die bis in unsere Tage anhaltende Popularitat der pfälzischen Liselotte. Es ist die unverwechselbare und für ihre Zeit ungewöhnliche Art sich zu äußern: direkt, unumwunden, treffend, anekdotisch – und bis zur Derbheit, was den Pfälzern bis heute gefällt. Die Maintenon, Ludwigs Maitresse und Gegnerin Liselottes, wird die Nase darüber gerümpft haben. Liselotte gab sich emotional, sie war heimattreu und dennoch loyal gegenüber dem Hof zu Versailles. Von diesem malte sie in ihrer Korrespondenz ein detailliertes Sittenbild. Diese imponierende Frau, wohl mit Recht die größte Pfälzerin genannt, besaß die Kraft, fünf Jahrzehnte lang, oft gänzlich isoliert und in Gegnerschaft zur „Hofkamarilla“, ein Leben aus eigener Substanz zu führen.

Sie blieb der französischen Kultur nicht fremd. Sie las viel und ging regelmäßig ins Theater. Sie kannte Corneille und andere Theaterdichter. Sie traf die Gäste bei Hof, die Könige, Zar Peter den Großen, Botschafter und Abbés, auch Leibniz, mit dem sie korrespondierte. Ihr gesundes Urteil wurde manchmal erfragt. Ihre Kinder sprachen schon nicht mehr deutsch. Ihr Sohn, dessen Erziehung ihr entrissen worden war, wurde später Frankreichs Regent: für einige Jahre nach dem Tod von Ludwig XIV. bis zur Volljährigkeit von dessen Sohn Ludwig XV. Liselottes Tochter wurde Gattin des lothringischen Fürsten. Ihre 60.000 Briefe bezeugen den Einbruch des Französischen à la mode in die deutsche Verkehrssprache von Bildung, Verwaltung und Diplomatie, für Sprachpuristen ein Gräuel, amüsant auf der Bühne der Realität. Die deutschsprachigen Briefe der Liselotte von der Pfalz enthalten ein Glossar von tausend französischen Wörtern. Dabei werden die Verben besonders eindrucksvoll der deutschen Konjugation angepasst: insgesamt ein kurioses Sprachkabinett.

Diese Frau verkörpert also das Misslingen der Neutralitätspolitik ihres Vaters.

1668 streifen während der sogenannten „Lothringer Fehde" französische Soldaten durch das pfälzische Land. 1674 bewegen sich französische Truppen durch das Territorium des pfälzischen Kurfürsten, der ihnen eigentlich in Freundschaft verbunden ist, und behandeln es, als sei es Kriegsgebiet. 1676 ziehen während des Holländischen Krieges wieder französische Heere in der Pfalz umher. Die Soldaten des Generals Turenne bestrafen die sich ihrem Durchzug Widersetzenden mit Plünderungen. Neben Turenne taucht auch schon Vauban auf, der General und geniale Festungstüftler, der auch die Ostgrenze Frankreichs mit seinen militärischen Schöpfungen ausstattete. In Landau und in Philippsburg ist er bald tätig geworden. Historiker haben angemerkt, dass die linksrheinischen Fürstentümer im 17. Jahrhundert französische Vasallen gewesen seien. Zumindest in der 2. Hälfte des Jahrhunderts war es so. Man brauchte diese Gebiete gar nicht zu erobern. Es waren ja schon Frankreichs Deutsche, „les Allemands de France".

Eine besondere Rolle fiel auch Frankreichs Hofjuristen zu. Diese waren gefordert, als die Expansionspolitik Ludwigs XIV. untermauert werden musste. Am Kabinettstisch ging es kreativ zu. Die Reihe der folgenden Kriege wurden deshalb mit einem gewissen Recht auch Kabinettskriege genannt. Nach dem Holländischen Krieg, welcher der Pfalz schon wieder ein großes Maß an Zerstörung beschert hatte, wurden in Paris seit 1679 unter dem Arbeitstitel „Réunion" (Wiedervereinigung) Ideen geboren, die zu territorialen Rechtsansprüchen führten. So beriefen sich die Staatsjuristen zum Beispiel auf den 150 Jahre alten Vertrag von Chambord, weil der über Metz auf pfälzisches Gebiet hinleiten konnte. Besonders aber sondierten die Staatsrechtler die Möglichkeiten, welche die Verträge des Westfälischen Friedens boten. Eingriffschancen ergaben sich aus französischer Sicht 1685 nach dem Tod von Liselottes Bruder Karl II. von der Pfalz. In Versailles sah man Liselotte als erbberechtigt an, was sie nach kurpfälzischem Erbrecht allerdings überhaupt nicht war. Die Verhandlungen der Unterhändler beider Parteien scheiterten an diesem Gegensatz. Einen Krieg um das Heidelberger Erbe auszuhecken, war nun möglich geworden. Und schon wieder war die Pfalz den militärischen Verheerungen ausgesetzt. Ein lokaler Konflikt, wie es scheint. Doch eigentlich ging es um die Vorherrschaft auf dem europäischen Kontinent. Habsburg und die Reichsfürsten hatten die Türken, deren Bundesgenosse Frankreich jetzt war, im Osten des Reiches abzuwehren. Die Gegenden am Rhein waren weit weg von den aktuellen Kriegsschauplätzen in Mittel- und Südosteuropa. Die Pfalz war militärisch ziemlich entblößt. So etwa könnten die Gedanken des Sonnenkönigs und seines Kriegsministers Louvois gewesen sein. Die Franzosen drangen also im Herbst 1688 erst einmal schnell und weit über den Rhein vor, um dann bei einem eventuellen Rückzug das Land zu zerstören und dadurch den Vorstoß der Reichstruppen zu behindern. Dieser Schachzug, verbunden mit der bisher noch nie konsequent angewandten Methode der „Verbrannten Erde“, hat die Pfalz ins Mark getroffen. Im Zentrum der Zerstörungen lag der Rhein-Neckar-Raum, lagen Heidelberg, Mannheim, Speyer und Worms.

Das brennende Speyer 1689

Insgesamt wurden über 400 Städte, Dörfer, Schlösser und Burgen vernichtet. Speyer allein verlor 30 Kirchenbauten. Die linksrheinisch noch vorherrschende Holzbauweise in den Dörfern erleichterte das Abfackeln. Was die französische Kriegsleitung ursprünglich eigentlich nicht wollte, etwa die Zerstörung der großen romanischen Dome in Speyer und Worms, das besorgte unter der Hand eine mit den Monaten der Besetzung disziplinloser werdende Soldateska, die ja auch die eroberten Weinkeller schon leergesoffen hatte. Seit dieser Zeit hing den Franzosen das Etikett „Mordbrenner“

an, das bei jeder folgenden unfreundlichen Begegnung von der deutschen Seite wieder ausgepackt wurde. „Verbrennt die Pfalz“, „Brûlez le Palatinat!“ wurde in Versailles ja tatsächlich gesagt – und Liselotte weinte still in ihre Kissen. „Wehe der Pfalz!“ hat sie gejammert. Ezechiel de Mélac, der französische Generalleutnant wurde in der Pfalz zur Unperson, sein Name sprichwörtlich, eigentlich aber war er der Sündenbock für die Untaten – und aus pfälzischer Sicht eben der Obermordbrenner. In Frankreich kennt ihn heute kaum einer, er wurde nicht in die militärische Ehrengalerie aufgenommen. Die Pfälzer nannten ihre bissigen Hunde „Melac“, ihm zur Schande. Denn hochmütig und mit großen Doggen hatte man ihn in Landau während seiner Zeit als Festungskommandant herumspazieren gesehen. Noch bis über die Mitte des 19. Jahrhunderts hinaus gab es Gasthäuser „Zum Melac“, so in Queichheim, so in Landau bis 1861. Das Wort „Lackel“ (grober Bursche) allerdings stammt nicht von diesem Namen, wie es französische Etymologie einmal nahegelegt hat.

Der „Mordbrenner“ Mélac auf dem Einband einer politischen Kampfschrift von 1923

Das Heidelberger Schloss ist seither Ruine. Liselotte hat dessen Zerstörung dem französischen Kriegsminister nicht verziehen, sie sprach nicht mehr mit ihm. Die einst glänzende freie Reichsstadt Speyer, Stadt von 50 Reichstagen und des Reichskammergerichts, verlor ihre großartige Bausubstanz und hat sich darüber nie mehr erholt. Ihr Dom war eingestürzt, die Gräber der Kaiser und Könige waren geplündert und geschändet. 100 Burgruinen ragen seitdem über die Kuppen der Haardt, des Wasgaus, des Pfälzerwaldes, des Westrichs. Der Pfälzische Erbfolgekrieg hat noch bis 1697 gedauert. Mit dem Frieden von Rijswijk (zu pfälzisch: „Reiß weg!“ – das Land) wurde er beendet. Zwar hat Frankreich seine pfälzischen Eroberungen nicht halten können und seine „Reunionen“ wurden als nichtig erklärt. Doch Landau und die ehemaligen Ämter des Speyerer Bischofs in der Südpfalz und im Elsass blieben unter französischer Verwaltung. In einer Zusatzklausel wurde festgehalten, dass katholische Gottesdienste auch in protestantischen Kirchen abgehalten werden durften, Grund für die vielen Simultankirchen der Pfalz.

Landau wurde zur Festung ausgebaut. Begonnen wurde damit zu Beginn des Erbfolgekrieges. Vauban hatte sich einen Brand in der Stadt zunutze gemacht. Vielleicht handelte es sich auch um einen „warmen Abbruch", um die spätmittelalterliche verwinkelte Bebauung leichter beseitigen zu können. Die ehemalige Reichsstadt wurde zum französischen Militärplatz umfunktioniert. Das prägte lange. Noch hundert Jahre später stellte Johann Gottfried Seume bei seiner Rückkehr von seinem „Spaziergang nach Syrakus" fest: „Landau ist weiter nichts als Festung, und alles, was in der Stadt steht, scheint bloß auf diesen einzigen Zweck Beziehung zu haben." Rationale Planung begradigte die Straßen. Mitten in der Stadt entstand ein Exerzier- und Paradeplatz. Ein Französisches Tor im Südwesten und ein Deutsches Tor im Nordosten machten die Festung zugänglich. Auf beiden Toren prangt das Emblem des hohen Auftraggebers, des Sonnenkönigs. „Nec pluribus impar" steht darauf: „Allen gewachsen". Der Bedarf an Steinen war beim Um- und Aufbau des neuen Landau sehr groß. Vom Steinbruch in der Nähe von Albersweiler aus wurde eigens ein Kanal angelegt, um das Baumaterial anflößen zu können. Auch von den Burgruinen versorgte man sich mit Abbruchsteinen. 1700 bis 1702

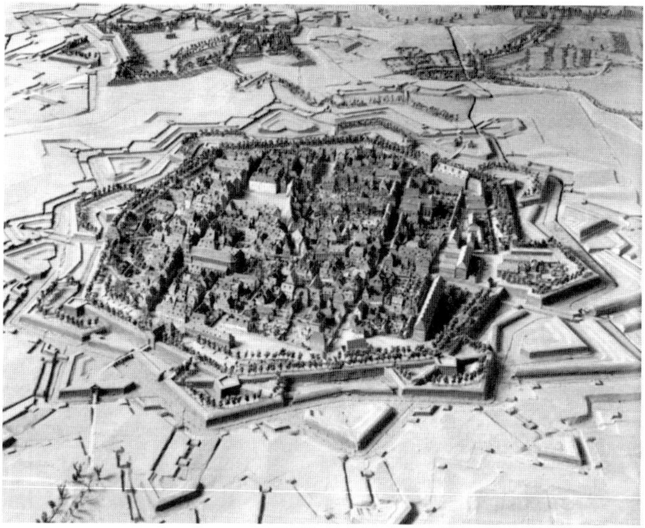

Die Festung Landau

wurde noch ein Fort hinzugebaut. Der berüchtigte Mélac war Stadtkommandant geworden und der Schrecken blieb. Er soll übrigens selbst Vauban in die Quere gekommen sein.

Einige Meilen weiter östlich entstand 1692 mitten im Bienwald eine Kolonie von Steinhauern samt Familien aus der Picardie: Büchelberg ist daraus geworden. Die Arbeiter waren vom Sonnenkönig dorthin kommandiert worden, um den Bau von Fort Louis südlich von Karlsruhe voranzutreiben. Sie sind geblieben und haben sich erst langsam in die deutschsprachige Umgebung integriert. Noch in der Mitte des 19. Jahrhunderts soll das Französische bemerkbar gewesen sein. Zum Teil ließen die französischstämmigen Bewohner ihre Namen eindeutschen.

Der Pfälzische Erbfolgekrieg (1688-1697) war ein kriegerisches Szenario im größeren europäischen Zusammenhang. Es ging wie im alsbald folgenden Spanischen Erbfolgekrieg (1701-1713) um die Macht in Europa und um deren Balance. Leider war ab 1702 die Pfalz wieder einer der Kampfplätze. Sie hatte es sich nicht anders aussuchen können. Landau und das Elsass waren französisch beherrscht. Längs des Speyerbachs, vor allem zwischen Neustadt und Speyer, bauten Reichstruppen eine Kampflinie auf, nachdem die Festung Landau zwischenzeitlich schon einmal vom Reich zurück erobert und diesem wieder verloren gegangen war. Im November 1703 siegten dort, auf den heutigen Gemarkungen von Dudenhofen, Harthausen, Hanhofen und Schwegenheim, die Franzosen. Am Schlachtgeschehen erfolgreich beteiligt war der französische General Tallard, den später Voltaire noch als fintenreich gelobt hat – und auf der anderen Seite der Schlachtordnung ein gefallener Prinz Philipp von Homburg, Sohn des Friedrich von Homburg und späteren Helden der deutschen Theatergeschichte durch Kleists Drama. 1704 vertrieben die Reichstruppen unter dem badischen Markgrafen Ludwig, dem „Türkenlouis“, die Franzosen erneut aus Landau. Doch 1713, kurz vor Ende dieses Ermüdungskrieges, hatten die Franzosen die Festung wieder in ihrer Hand. Mit den Abmachungen im nahen Rastatt wurde bestätigt, dass das Elsass mit Straßburg und Landau bei Frankreich bleiben sollte. Die Festung Landau war von nun an und über 100 Jahre lang durchgehend französisch, eine französische Exklave. Als Militär- und Grenzstadt spielte Landau eine Rolle in den Pariser militärischen und politischen Kalkülen. Seit jenen Zeiten hielt der Name der Stadt Einzug in den

Wortschatz der beiden Sprachen und blieb bis heute darin enthalten. Der „Landauer“ etwa ist eine viersitzige Reisekutsche mit auffaltbarem Dach, die durch die 1702 von Josef I. von Habsburg unternommene Fahrt zur belagerten Stadt Landau in Gebrauch und in Mode gekommen war. Im Französischen ist darüber hinaus „le landau“ ein Kinderwagen, etymologisch ist dieser Ausdruck jedoch möglicherweise anders herzuleiten.

Zwischen 1670 und 1713 fanden auf pfälzischem Boden also fast ununterbrochen Kriege statt. Die sogenannten Kabinettskriege bescherten der Region eine fast unübersehbare Reihe von Attacken und Schlachten, kriegerischen Umgang grausamster Sorte bis zu operettenhaft anmutenden Scheinscharmützeln vor Landau, Belagerungen, Plünderungen, Zerstörungen. Zu einer schnellen Erholung wie nach dem Dreißigährigen Krieg war die Pfalz jetzt nicht mehr in der Lage. Religionsflüchtlinge aus Frankreich sorgten für keinen Bevölkerungsausgleich mehr. Die Gründung einer Hugenottensiedlung wie in Hertlingshausen (Carlsberg) durch Georg II. von Leiningen war eher die Ausnahme. Im Gegenteil: das Land entvölkerte sich zum ersten Mal in nennenswertem Umfang durch Auswanderung. Die linke Rheinseite hatte am aufkommenden Merkantilismus wenig Anteil. Geschätzte 100.000 Pfälzer sind im 18. Jahrhundert ausgewandert. Es gab dabei zwei Schübe, nach dem Spanischen Erbfolgekrieg und dann nach dem Siebenjährigen Krieg (1757 – 1763). Städte mit einer starken Bürgerschicht gab es nicht. Nur zaghaft besiedelte sich zum Beispiel das durch den Brand 1689 total zerstörte Speyer neu. Die ehemals so stolze Reichsstadt Speyer existierte nicht mehr. Zwischen den mit Grün überwachsenen Ruinen, die teilweise noch 100 Jahre später zu bemerken waren, stand ein notdürftig geflickter Dom, dessen Mittelschiff eingebrochen war. Es dauerte Generationen, bis man sich zu einem Neuaufbau entschloss. Auch ein französischer Architekt in kurpfälzischen Diensten, Nicolas de Pigage, hat dazu 1755 ein Gutachten erstellt. Auf dem zum großen Teil brachliegenden innerstädtischen Gelände in Speyer entstanden meist ein- bis zweistöckige Behausungen für Handwerker und Gewerbetreibende. Erst ab Mitte des Jahrhunderts setzte hier ein stärkerer Bauwille ein. Heute noch bestehende Domherrenhäuser beispielsweise zeugen davon. Woanders herrschte an den Fürstensitzen die sprichwörtliche barocke Bauwut, inspiriert vom großen Vorbild Versailles. Auch die Speyerer Bischöfe bauten, allerdings nicht mehr in Speyer, sondern in Bruchsal ihr schönes Schloss. Kurfürst Karl Theodor verlegte seine

Residenz von Heidelberg ins jetzt aufblühende Mannheim, eine Sommerresidenz kam in Schwetzingen dazu. Zu architektonischem Glanz verhalfen französische Baumeister und Künstler. Den Schwetzinger Schlosspark legte der aus Lunéville stammende Nicolas de Pigage an. In Kirchheimbolanden wirkten die französischen Baumeister Guillaume d'Hauberat und wiederum Pigage und erstellten eine kleine Residenz. In Zweibrücken schuf der Pariser Architekt Pierre Patte das Palais du Jardin, das seit den Revolutionskriegen nicht mehr existiert, ebenso wenig wie Schloss Karlsberg bei Homburg, wohin die Zweibrücker Herzöge ab 1778 ihre Residenz mit allem Luxus verlegten. Heute vermittelt nach all den Zerstörungen in Zweibrücken nur noch die Herzogsvorstadt etwas von der aus Frankreich her inspirierten Architektur. In Landau erstellte de Frézier das Militärhospital mit einer überkuppelten Rundkapelle. Pigage hat in Frankenthal das Speyerer Tor geschaffen und der in Paris ausgebildete Flame Verschaffelt die Wallfahrtskirche in Oggersheim. Der Geschmack von Versailles prägte das innere Design der Schlösser. Am deutlichsten zu erkennen war dies im Fall des zerstörten Schlosses Karlsberg, das die von Pigage und Mannlich zusammengetragene, reichlich 2000 Werke umfassende Bildersammlung beherbergte. Die Gemäldegalerie konnte 1793 vor den heranrückenden Revolutionstruppen nach Mannheim gerettet werden, ging aber der Pfalz dennoch verloren, da sie 1799 nach München gelangte und dort bis heute den Kernbestand der Alten Pinakothek bildet. Die kurze und glorreiche Geschichte des Frankenthaler Porzellans (1755 – 1800) hat ihren Ursprung in der Weigerung des französischen Königs, Paul Anton Hannong aus Straßburg das Privileg des Porzellanmachens zu erteilen. Karl Theodor war da offener und so entstand die Porzellanmanufaktur in der ehemaligen Frankenthaler Reiterkaserne mit allen schönen Folgen für die Kunstgeschichte und die Sammler.

Die Pariser Luxusindustrie fand bei Fürsten, Adligen und bei einigen wohlhabenden Entrepreneurs ihre Abnehmer. Geben und Nehmen im kulturellen Raum war noch immer europäisch und reichte über die Grenzen der Herrschaften. Die Genealogien der Herrschaftshäuser waren ja auch international. Karl Theodor, der pfälzische Kurfürst, hatte eine französische Mutter, Marie de la Tour d'Auvergne. Sein glänzender Mannheimer Hof entlieh so manches aus Frankreich. Die Idee seiner Akademiegründungen ist französisch inspiriert. Karl Theodors Aufgeschlossenheit gegenüber dem aufklärerischen Zeitgeist und den Musen beförderte ein anregendes Kulturleben. Freigeist Voltaire fühlte sich nach seinen preußischen Jahren in Schwetzingen überaus wohl. Er erlebte dort die Aufführung seiner Stücke „Zaire“, „Alzire“ und „Nanine“ und konzipierte die Tragödie „L'Orphelin de la Chine“. Die Mannheimer Hofkapelle wurde in Europa tonangebend, ihre Komponisten Stamitz und Cannabich standen in Verbindung mit Paris und wurden dort aufgeführt. Das Mannheimer Ballett leitete der französische Tänzer und Choreograph Etienne Lauchery und unter den Balletteusen befand sich auch Marianne Camasse, die später die nicht standesgemäße Gattin des Zweibrücker Herzogs Christian IV. und dadurch auch Gräfin von Forbach wurde. Erst 1770 war die Zeit der französischen Theatergruppe in Mannheim abgelaufen.

Marianne Camasse, ehemalige Tänzerin und nicht standesgemäße Gattin des Zweibrücker Herzogs Christian IV.

Am anderen pfälzischen Hof mit Eigenart, in Zweibrücken, stand man Frankreich natürlich immer schon nahe. Das Schloss aus der Zeit der schwedischen Dynastie – der schwedische König Karl XII. war in Personalunion Herzog von Pfalz-Zweibrücken – wurde noch im Stil des nordischen Barock erbaut. Doch schon bald wurde französisch möbliert, Konversation gepflegt, sich gekleidet, gelesen und geschrieben.

In Zweibrücken hielt sich Stanislas Leszczyński auf Einladung des schwedischen Königs von 1714 bis 1718 im Wartestand auf seine in Lothringen anzutretende Regentschaft auf. Dieser polnische König ohne Land war zum Spielball der europäischen Mächte geworden. Er wurde nun ins Herzogtum Pfalz-Zweibrücken eingesetzt ohne eine repräsentative Unterkunft in der Residenzstadt zu besitzen. So begann er in der Nachbarschaft sein Lustschlösschen „Tschifflick“ mit barocker Gartenarchitektur zu bauen. Seine

Tochter Maria, die spätere französische Königin und Gemahlin Ludwigs XV., pflanzte dort einen Kirschbaum und ließ sich bis in ihre Pariser Jahre hin jährlich eine kleine Ernte davon nachsenden. Das kleine Lustschloss, beziehungsweise das, was von ihm noch übrig geblieben war, wurde von den Revolutionstruppen später ebenso zerstört wie das großartige Schloss auf dem Karlsberg bei Homburg.

Am Zweibrücker Hof pflegte man Pferde, unterhielt eine Rennbahn, züchtete Rosen und feierte rauschende Feste. Herzog Christian IV. hielt Hof in Zweibrücken und in Paris, wo er ein Haus besaß. 1751 hatte er schon einen Freundschaftsvertrag mit dem französischen König abgeschlossen, mit dem er tatsächlich eng befreundet war, ebenso wie mit dessen Maitresse, der berühmten Madame de Pompadour. Christian bekam durch den Vertrag französische Mittel. Er hatte im Gegenzug aber auch ein französisches Regiment, das später im amerikanischen Freiheitskrieg so ruhmreiche "Royal Deux-Ponts", zu finanzieren. Doch das Geld reichte offensichtlich, um die ihm so liebe französische Kultur und den Pariser Luxus zu pflegen. Zweibrücken entfaltete ein kulturelles Eigenleben. Musik und Theater hatten eine Heimstatt in Pfalz-Zweibrücken. Eine Zeichenschule ergänzte die berühmte Bildersammlung für Schloss Karlsberg. Eine französisch orientierte Druckerei wurde eingerichtet. Die Klassikerausgaben der „Editiones Bipontinae" waren in Frankreich angesehen, die „Gazettes de Deux-Ponts" waren führende politische und literarische Zeitschriften, letztere konservativ und königstreu und deshalb nach der Revolution aus dem republikanisch-französisch gewordenen Zweibrücken hastig ausgewandert. Es ist bedauerlich, dass dieses barocke Zweibrücken in seiner besonderen Mittlerstellung zwischen Frankreich und Deutschland wiederum ausgerechnet durch Franzosen, durch deren Revolutionsheere, so gründlich verwüstet wurde.

In Frankreich hatte die Aufklärung frühzeitig Fuß gefasst. Der skeptische wissenshungrige Geist neuer Generationen hatte das herrschende Feudalleben immer heftiger kritisiert. Ein schon entwickeltes Bürgertum war dem neuen Gedankengut gegenüber offen. Voltaire und Rousseau überdachten grundsätzlich, wie gesellschaftliches Leben funktionieren sollte. Feudalismus und absolutistische Herrschaft wurden in Frage gestellt, ebenso Kirche und Religion. Wissen als Grundlage und Kritik als Methode, dazu Gerechtigkeit und Schutz der Menschenrechte als Ziel, beschäftigten Philosophen und Aufklärer. Die Frage nach Gott führte auch zu atheistischen

Konzeptionen. Hier hat die Pfalz mit Paul Thiry aus Edesheim, dem späteren Baron von Holbach, Paris und Frankreich ein hochwertiges Geschenk gemacht. Holbach wurde Vertrauter, ja Freund von Denis Diderot, dessen berühmte Enzyklopädie er durch Geld und eigene Beiträge unterstützte. Er war gesuchter Gastgeber eines philosophischen Salons in Paris, dem Zentrum der neuen Ideen. Die linksrheinische Pfalz ohne eigentliches Zentrum musste noch lange ihre begabten Söhne und Töchter wegziehen lassen. Die Landauer Bürgersöhne gingen sowieso zur Ausbildung nach Frankreich, sie waren ja Franzosen. Spätaufklärerisch und von Frankreich beeinflusst waren auch pfälzische Freimaurerzirkel, etwa in Speyer. Auch philanthropische Gesinnungen fassten, aus dem französischen Sprachraum kommend, in der Pfalz Fuß. Zu nennen ist hier das Bildungsinstitut für „protestantische junge Frauenzimmer" der Madame L'Ecuyer in Frankenthal, das 1780 gegründet wurde.

Baron Holbach. Zeichnung von Louis Carmontelle, 1766

Die Ideen der Philosophen kamen verändert als praktische Politik in Gestalt französischer Revolutionstruppen zurück. Die Französische Revolution wurde bei deutschen Dichtern, Philosophen und Künstlern erst einmal erwartungsvoll begrüßt. Von Schiller bis Beethoven, von Klopstock bis Hölderlin, von Hegel bis Görres und Campe gab es positive Kundgebungen, ja Begeisterung. Nicht zu reden von den „deutschen Jakobinern", die wie der Entdeckungsreisende und Schriftsteller Georg Forster aktiv für die Revolution eintraten. Allzu verständlich war die Erwartung, nun das Ancien Régime abschütteln zu können, war die Begeisterung für die Ideen von Freiheit, Gleichheit und Brüderlichkeit, für die Allgemeingültigkeit von Menschen rechten. Feudalismus und Klerikalismus sollten als bestimmende Mächte verschwinden. Auch in der Pfalz gab es genügend Anhänger, besonders in Landau, aber auch anderswo.

Das Café français in Landau

Zu berichten ist von der ersten Republik auf deutschem Boden. (Landau ausgenommen, es gehörte zu diesem Zeitpunkt zu Frankreich.) Die wurde nämlich nicht in Mainz ausgerufen – wie gemeinhin angenommen – sondern im pfälzischen Rathaus zu Bergzabern am 10. November 1792. 13 umliegende Dörfer waren mit dabei. Vorausgegangen waren dort schon im August 1789 aufmüpfige Aktionen gegen die Herrschaft Pfalz-Zweibrücken und am 6. November 1792 eine Art Selbstbefreiung nach Absprache mit dem Landauer Jakobinerclub, dem ersten in der Pfalz. Im französischen Landau hatten die Unruhen schon 1789 mit einem Aufruhr in der Garnison begonnen. Am 15. März 1793 geschah dann die Aufnahme Bergzaberns in die französische Republik auf eigene Bitte hin. Doch schon im April müssen sich die wackeren republikanischen Anführer vor den Reichstruppen ins Elsass in Sicherheit bringen, können aber 1795 wieder zurückkommen. Nachdem Georg Forster und andere 1792 in Mainz die Republik errichtet hatten, wurden dort, aber auch in Worms und Speyer umgehend Jakobinerclubs gegründet. Übrigens mit tatkräftiger Unterstützung durch Landauer Jakobiner. Die Mitglieder trafen sich regelmäßig in diesen Gesellschaften. In Landau gab es sogar zwei davon, eine für die dort verbliebenen französisch sprechenden Bürger, meist Militärs.

Adam Mayer, Maire von Bergzabern im Straßenkampf. Darstellung von Frédéric Regamay. In: P.de Pardrillan, Récits militaires d'Alsace, o.J.

Das Ancien Régime stemmte sich gegen die Ausbreitung der Revolution und machte mit seinem Widerstand ernst, als Frankreichs König Ludwig XVI. 1793 hingerichtet worden war. Es stellte Heere auf, um der Revolutionsgefahr zu begegnen und um dem ins Reichsgebiet geflüchteten französischen Adel beizustehen. Eine staatsrechtliche Begründung für einen nach Frankreich vorgetragenen Angriff lieferten die Territorien im Elsass, die zwar unter französischer Verwaltung waren, aber verschiedenen deutschen Fürsten gehörten. 15 von ihnen hatten im Elsass noch Ansprüche, die von der Pariser Nationalversammlung einfach annulliert worden waren. Die Truppen der deutschen Fürstenhäuser rückten in Lothringen ein. Goethe, der sicher kein Revolutionsfreund war, die Vorgänge aber mit seinem wachen Auge betrachtet hat, begleitete seinen Weimarer Herzog und erlebte die sogenannte Kanonade von Valmy, die den Wendepunkt des Vormarschs bedeutete. Später hat er darüber geschrieben. Es ist bemerkenswert, dass es über den Feldzug gegen das revolutionäre Frankreich das Zeugnis eines Pfälzer Abenteurers, Literaten und zwischenzeitlichen Deserteurs der preußischen Armee gibt, der auch dabei war: Friedrich Christian Laukhardt (1758 – 1822). Dieser berichtete über die Ereignisse ganz anders als Goethe, mitten aus dem Getümmel als Beteiligter. Es ist reizvoll, beide Seiten zu betrachten. Jedenfalls mussten die vereinigten Heere umkehren und konnten nicht verhindern, dass sich die Revolutionstruppen linksrheinisch behaupteten. Frankreich zitterte eine Zeit lang um Landau. In Paris hieß es pathetisch „Landau ou la mort!", „Landau oder der Tod". Doch dann: Schloss Karlsberg von den Revolutionssoldaten zerstört, Zweibrücken ebenso, dann die westpfälzischen Dörfer und so ging es weiter. Die Kriegsfurie tobte auf beiden Seiten. Es gab grauenhafte Schlachten mit wechselndem Ausgang. So etwa in Morlautern bei Kaiserslautern und im Pirmasenser Blümelstal. Adam-Philippe Custine, der französische General, der seine Soldaten von Landau aus 1792 zu Siegen geführt, Speyer, Worms, Mainz und sogar Frankfurt eingenommen hatte, wurde in Paris hingerichtet, weil er Schlachten verlor und sich angeblich zu verständnisvoll gegenüber den Deutschen gezeigt hatte. Die Revolution frisst ihre Kinder. Da waren andere hingegen weniger zurückhaltend und formell als Custine. Der Revolutionsbeamte René Legrand zum Beispiel, als er auf die Klagen der von den „Speckreitern" Ausgeraubten – so nannten die Pfälzer die Sansculotten – angeblich die bösen Worte vernehmen ließ: „Alles ist unser – ihr sollt nichts behalten als die Augen zu weinen." Auf dem Landauer Paradeplatz wurde 1794 die Guillotine aufgestellt – aber wohl nie in Gang gesetzt und zwei Monate später wieder beseitigt. Kusel aber wurde zur Strafe „abgefackelt", weil man Bürger im Verdacht hatte, Assignaten – Verschreibungen zum Verkauf von Nationalgut – gefälscht zu haben.

Guillotine auf dem Landauer Paradeplatz, damals „Place de l'égalité"

In Neustadt wütete Rougemaitre, ein weithin gefürchteter Agent der französischen Republik. Ihm werden üble Taten nachgesagt. Das Porzellan der kleinen Leute soll er im Zorn eigenhändig zerschlagen haben. So verschwanden die anfänglichen Sympathien, die man der Freiheitsarmee entgegenbrachte, sehr bald. Die Abschaffung der Feudallasten, die Befreiung von Leibeigenschaft, vom Zehnten, von Zunftzwang etc. – das klang auf einmal sehr hohl. Die Überbringer der Freiheiten waren nun einmal Soldaten und Bürokraten und die Politik von Wohlfahrtsausschuss und Konvent in Paris verhielten sich in Bezug auf die Behandlung nichtfranzösischer Gebiete höchst ambivalent. Der Tanz um den Freiheitsbaum, das mit den Jakobinermützen und Kokarden wichtigste Symbol der Französischen Revolution, hatte auf diese Weise bald ein Ende. Freiheitsbäume wurden immer wieder umgehauen oder zur Trauer schwarz angestrichen und Kokarden trugen Bäuerinnen schon einmal am Hintern, um zu zeigen, was sie davon hielten. Die Enttäuschung und Verbitterung der Mehrheit der Bevölkerung war angesichts der Übergriffe der Soldaten, der als ungerecht empfundenen „ordres“ und der oft an den Tag gelegten Inkompetenz der Besatzer mehr als verständlich.

Wegführung von Geiseln aus Neustadt. Zeitgenössische Radierung von Abraham Wolfgang Küffner

Ja, es gab Wahlen! Im Februar 1790 zur neuen Munizipalität in Landau. Durch öffentliche Wahlen wurde dort am 24. Februar 1791 Jakob Rummel zum „juge de paix“, zum Friedensrichter gewählt. Er war der erste Amtsrichter auf deutschem Boden. Die Wahlurne von damals existiert noch. Die wohl ersten demokratischen Kommunalwahlen auf rein deutschem Gebiet folgten. In Speyer beispielsweise am 8. März 1793. Nicht alle durften wählen, Taglöhner und Frauen ebenso wenig wie diejenigen, die den Eid auf die Militärverfassung verweigerten. Es war ein Eid auf Volkssouveränität, Freiheit und Gleichheit. Und der wurde oft als Zwangsmaßnahme empfunden. Aus ihrer Sicht zwangen die Franzosen das uneinsichtige Volk zur Freiheit. Die Einheimischen misstrauten diesem „Geschenk". In Speyer gab es 500 Wahlberechtigte bei vielleicht 3000 Einwohnern, 479 wählten schließlich, also nur ein Bruchteil der Bevölkerung. Der Hauptkandidat der Jakobiner erhielt nur sieben Stimmen. In der Domstadt war man sowieso der Meinung, schon seit je in der Tradition einer Art Republik gestanden zu sein, sodass diese neuen Wahlen also recht überflüssig wären. Das Ergebnis wurde von französischer Seite sogleich unterdrückt, da es für den Konvent allzu ungünstig ausfiel. Die Wahlkommission gab sich mit der Wiederwahl des alten Magistrats zufrieden. Provisorisch wurden nach französischem Vorbild ein „maire" und sein Prokurator eingesetzt.

Wahlurne zum ersten deutschen Friedensrichter in Landau. Städtisches Museum Landau

Der souveräne Staat schaffte mit dieser „Munizipalisierung" eine allgemein gültige Gemeindeordnung durch von ihm abhängige Bürgermeister. Die Munizipalisierung war eine Grundlage zur Bildung eines Parlaments, einen freien und souveränen Staat und einer linksrheinischen Republik zwischen Bingen und Landau mit ihrem Sitz in Mainz. Viele Gemeinden widersetzten sich, andere kamen nicht in Betracht, weil sie zu Wittelsbacher Gebieten gehörten, also zur Kurpfalz und Pfalz-Zweibrücken. Und die französische Diplomatie achtete die Neutralität Wittelsbachs, da Wittelsbach als Gegner des Reiches unter Habsburg betrachtet wurde. In den alten Leininger Landstrichen hatte die Munizipalisierung Erfolg, weniger dagegen nebenan in der ehemaligen Grafschaft Falkenstein mit dem Hauptort Winnweiler. Auch nicht in den Gemeinden, die früher zu der Herrschaft der Speyerer Bischöfe gehörten. Essingen und Freisbach dagegen hatten sich schon frühzeitig der Revolution angeschlossen und Dirmstein wählte wie etliche andere Gemeinden ganz freiwillig. 130 Gemeinden – das waren etwa 20 Prozent aller möglichen Kommunen auf dem in Frage kommenden Gebiet – entsandten schließlich Abgeordnete nach Mainz zur Bildung des „Rheinisch-Deutschen Nationalkonvents", der sich am 18. März 1793 als frei und unabhängig vom Reich erklärte. Bereits drei Tage später verkündete die Mainzer Republik ihren Anschluss an die französische Republik, da sie sich allein als nicht lebensfähig einschätzte. Schon eine Woche später hat der Pariser Konvent diese „Réunion" angenommen. Sie wurde aber nie wirklich gelebt, da die Reichstruppen schon vor der Tür standen, die Stadt Mainz belagerten und diese im Juli 1793 zur Übergabe zwangen. Die führenden Mainzer Jakobiner mussten fliehen, die Republik war schon wieder am Ende. Doch muss man ihr die Ehre zusprechen, zum ersten Mal auf deutschem Boden ein modernes Parlament geschaffen zu haben mit – zumindest theoretisch – freiem Mandat seiner Abgeordneten. Ein Parlament, das seiner Zeit weit voraus war mit seinen bisher unerhörten Diskussionen und Beschlüssen. Zum ersten Mal wurde hier Macht rein demokratisch und ohne Kompromiss mit dem ständischen Prinzip begründet. Mit dem Aufkommen des deutschen Nationalismus im 19. Jahrhundert wurde diese Leistung übersehen und vergessen, auch geschmäht. „Nation" war zu Ende des Alten Reiches fürwahr noch kein gefühlter Wert, es ging um Befreiung von Feudallasten und Unterdrückung, und um die Sicherung ziviler Verhältnisse. Das kam von Frankreich. Die Franzosen, die „Neufranken", wie sie genannt wurden, erschienen als Befreier. Dann aber zeigten sie sich leider auch als Eroberer und Besatzer.

Die Anhänger der Franzosen, eine Zeitlang „Patrioten" genannt, hatten bei den herrschenden Verhältnissen einen schweren Stand. Die Militärkommissare setzten die von Paris vorgegebenen Ziele ohne Rücksicht auf die innere Verfassung der Bevölkerung und immer wieder mit Gewalt durch. Es mangelt nicht an Berichten über die Arroganz der französischen Freunde, die den Tölpeln („brutes") in der Pfalz die Freiheit bringen und die deshalb Dankbarkeit und nicht Widerstand erwarten. In der Tat kam die tiefsitzende politische Passivität der kulturell ganz anders geprägten einheimischen Bevölkerung den hochfliegenden Ideen aus dem Westen nicht entgegen. Vielleicht sollte man aber auch berücksichtigen, dass manches, was den Pfälzern als arrogant erschien, nichts anderes als interkulturell falsch interpretierte Gesprächsform und Gestik war. Die Franzosen traten mit der

Überzeugung auf, eine gute und gerechte Sache zu vertreten. Sie sahen sich in ihrer Rolle nicht verstanden. Aber die Idee war das eine, das andere war die Wirklichkeit, waren die Zwänge der Kriegsführung mit all ihren Gräueln auf der einen Seite. Andererseits erzeugte die Eigendynamik der Besatzung mit all ihren Ungerechtigkeiten und Unkorrektheiten bei vielen Pfälzern sehr schnell Abweisung und noch mehr: Hass und Feindschaft. Auch in Frankreich war ja der anfänglichen Begeisterung die Enttäuschung gefolgt. Enttäuschung über den Verrat der hehren Ideale der Revolution und über eine ausbleibende wirtschaftliche Verbesserung der Masse der Bevölkerung.

Dazu kam ein besonderes, alle Konventionen sprengendes Ereignis: der „Plünderwinter" 1793/94. So nannten diese Schreckenszeit die Pfälzer. Da gab es den Terror einer wildgewordenen Soldateska. Im Gefolge nahmen Ausräumungs- und Greifkommandos, Commissaires des grippes, alles mit, was nicht niet- und nagelfest war. Dieser Raubzug mit seinen nicht enden wollenden Plünderungen blieb lange in trauriger Erinnerung der Pfälzer. Das Land kam auch militärisch nicht zur Ruhe. Die Koalitionsheere griffen immer wieder an. Speyer – wo zeitweilig 3000 französische Nationalgardisten kampierten, also bald so viele wie die Bevölkerung der Stadt ausmachte – erduldete in diesen Jahren einen fünfmaligen Wechsel der Fronten. Dabei wurde der Dom abermals verwüstet, das bekannte Marien-Gnadenbild, eine traditionsreiche Wallfahrtsstätte, verbrannte wie vieles andere auch. Am 3. Januar 1794 wurde aus Straßburg gemeldet: „Wir sind in Speyer eingezogen ... Die Heiligen, die Kelche, die Ziborien und sämtliches Kirchensilber sind in die Münze gewandert."

In einer Art Stellungskrieg auf den Höhen des Pfälzerwaldes westlich von Edenkoben gelang den Franzosen 1794 ein entscheidender Durchbruch. Danach waren sie bald Herren in der Pfalz, endgültig 1796 – und sie blieben es bis 1814/15. Aus Sicht der Einheimischen war nach der ersten Revolutionsphase von den ursprünglich verheißenen Idealen von 1789 nichts mehr zu erwarten. Auch das nüchterne Kalkül saldierte keinen Fortschritt, keine wirtschaftliche Verbesserung. Eine französische Berechnung aus dem Jahr 1797 ergab nämlich, dass das Land für die Besatzung, für deren Generäle und Offiziere mehr auszugeben hatte als ehedem für die Herrschaften in der Feudalzeit aufzubringen war.

Die Revolutionszeit brachte auf jeden Fall eine grundlegende Veränderung der Besitzverhältnisse auf pfälzischem Boden. Die eigentliche Revolution, nämlich die gouvernementale und verwaltungstechnische, fand erst 1798/99 unter dem Elsässer Kommissar Rudler statt. Jetzt erst erfolgten die Systemveränderungen mit der Konsequenz einer ansatzweise wirklichen Demokratisierung. Güter der Adligen, der Kirche, der geflüchteten Beamten und eines Teils der in Panik geratenen Bevölkerung wurden als Nationalgut konfisziert und anschließend verkauft oder versteigert. So bildete sich wiederum eine kleine Schicht von „nouveaux riches" heraus, von Neureichen und Profiteuren der Revolution. Andererseits verschwanden in diesen Jahren manche alten Geschlechter für immer aus dem Bild der Pfalz, so die Leiningen, um nur die bekannteste Familie zu nennen. Es gab Gewinner neben diesen Verlierern, etwa die Familie Gienanth mit ihren Eisen- und Hüttenwerken und sonstigen metallverarbeitenden Betrieben in der ganzen Region. Ludwig von Gienanth (1767 – 1848, mit hugenottischen Vorfahren) war zunächst Spezialkommissar für Straßenbauten im Departement „Mont Tonnerre" ehe er in der bayerischen Pfalz zum führenden Industriellen wurde. Das Hüttenwerk Eisenberg hatten die Gienanths im Jahr

Diskutierende pfälzische Jakobiner im Historienbild von Carl Wendling

1800 erworben. Neben den oft zufälligen und ungerechten Auswirkungen, bildeten die neuen Besitzverhältnisse wenigstens – positiv gesehen – in der Pfalz so etwas wie einen liberalen Humus. Ideen, welche später beim Hambacher Fest und in der badisch-pfälzischen Revolution ihren Ausdruck fanden, wurden von hier weitergetragen. Die Grundlage für den Aufbruch ins bürgerliche Zeitalter wurde jedenfalls schon in diesen Jahren gelegt.

Doch vorerst stecken wir noch mitten in der „Franzosenzeit". Jetzt stellte sich noch dringlicher die Frage, welche staatliche Form den besetzten Gebieten gegeben werden sollte: Eigentlich waren die Revolutionäre ja angetreten, den Menschen die Freiheit und den Völkern die freiheitliche Verfassung zu geben. Zwischen 1794 und 1797 war die Idee eines von Frankreich kontrollierten „Pufferstaates", eines „Cisrhenanien", aktuell. Sie hatte auch in der Pfalz ihre Anhänger. Oder sollte das Gebiet gleich in ein gänzlich französisches umgewandelt werden? Inzwischen war ja auf oberitalienischen Schlachtfeldern ein gewisser Buonaparte für Frankreich und besonders für seine Gegner unübersehbar geworden. Er führte Frankreich zu Siegen und die mitteleuropäische Diplomatie musste seinen Machtzuwachs ins Kalkül ziehen. So wurde schon im Frieden von Campo Formio 1797 im geheimen Abkommen das linksrheinische Gebiet faktisch Frankreich überlassen, was 1801 endgültig im Frieden von Lunéville bestätigt wurde. Also wurden auf der linken Rheinseite Departements nach französischem Muster eingerichtet. Landau war schon lange, nämlich seit 1714 beziehungsweise 1680 französisch und gehörte wie eine ganze Reihe von südpfälzischen Dörfern zum Departement Unterelsass (Bas-Rhin). Der größte Teil der Pfalz wurde – abweichend vom französischen Schematismus nicht nach einem Fluss, sondern nach der höchsten Erhebung, dem Donnersberg, „Mont Tonnerre" genannt. Verwaltungssitz wurde Mainz. Kleine Teile im Westen der Pfalz befanden sich nun im Departement Sarre. 1802 erfolgte dann die endgültige Gleichstellung der pfälzischen mit den französischen Departements. Das hieß, dass jetzt ein Präfekt, gleichsam als verlängerter Arm von Paris, eingesetzt und mit der Einrichtung des Generalrats (Conseil général) ein Stück Selbstverwaltung installiert wurde. Das hieß aber auch: endgültige Abschaffung der Lehensrechte, der Zünfte, mit der Konsequenz – jedenfalls auf dem Papier – der Gewerbefreiheit, Bauernbefreiung, Bürgerrechte für die Juden etc. All dies wurde abgeleitet aus der Idee von Freiheit sowie persönlicher, rechtlicher wie sozialer Gleichheit. Natürlich freuten sich die Loblocher Winzer in Gimmeldingen, als sie 1798 nicht mehr ein Zehntel ihres gekelterten Weines an die Adelsherren abzuliefern hatten. Bis heute feiern sie dies in einem Brauchtumsfest. Überall im Land wurde das Verschwinden des „Zehnten“ als Entlastung empfunden. Der französische Stolz, die Pfälzer aus dem Absolutismus herausgeführt zu haben, den Weg zum modernen Staatsbürgertum gewiesen zu haben, ist verständlich und trotz aller Rückschläge und Enttäuschungen nur allzu berechtigt. Dieser Prozess hat in der Pfalz einen Modernisierungsschub in Gang gebracht, der auch später, in der bayerischen Zeit, nicht mehr rückgängig gemacht werden konnte.

1799 hatte Napoleon die Macht durch einen Staatsstreich an sich gerissen. Als er sich die Kaiserkrone aufsetzte, waren die Landauer dagegen. Napoleon soll daraufhin die Festung vernachlässigt haben. Dass er deshalb die französischste Stadt der Pfalz nie mit seiner Anwesenheit beehrt habe, ist falsch: am 16. Oktober 1808 war er wenigstens auf der Durchreise dort. In Mainz weilte er allerdings acht oder neunmal, in Kaiserslautern immerhin dreimal. Durch ihm gewogene Präfekten regierte er bis in die Departements hinein. Die Rechtspflege war ein besonderes Anliegen Napoleons. Schwurgerichte wurden eingerichtet, was hierzulande positiv aufgenommen wurde. Die Kodifizierung des Rechts im „Code Napoléon“ war eine rechtshistorische Großtat in Frankreich. Das klar formulierte und praktikable Rechtsbuch musste ins Deutsche übersetzt werden, da es ja in den neuen deutschsprachigen Departements verstanden werden sollte. Seine Einführung im Jahr 1804 war wohl das herausragende positive Ereignis der „Franzosenzeit“ aus pfälzischem Blickwinkel. Übrigens wurde

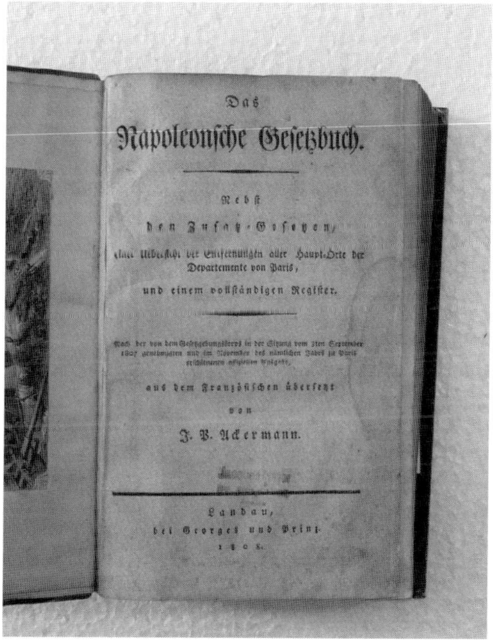

Code Napoléon in Landauer Übersetzung, 1808. Privatbesitz

das Gesetzbuch auch vom Landauer Johann Peter Ackermann 1808 ins Deutsche übersetzt. Selbst nach der französischen Herrschaft wollten die Pfälzer nicht mehr vom Code Napoléon lassen.

Andere Neuerungen wurden allerdings weniger akzeptiert. So die Einführung des französischen Kalenders mit den bis 1806 geltenden Monatsnamen der Revolution und dem verschobenen Monatsbeginn. So die Abschaffung der 7-Tage-Woche und des Sonntags zugunsten eines Ruhetages nur noch alle 10 Tage. Solches konnte bei der traditionsverhafteten, vorwiegend bäuerlichen Gesellschaft nicht auf Zustimmung stoßen, abgesehen von der verlängerten Arbeitsphase, die auch durch den Wegfall christlicher Feiertage bedingt war. Oder was sollte man davon halten, wenn den Dürkheimern der „Käskönig" verboten wurde und den Deidesheimern beinahe der jahrhundertealte Brauch der Geißbockversteigerung? Auch regionale „Bauerntage" hatten zu verschwinden. Dennoch gab es überflüssige Gesten der Unterwerfung. Zu Napoleons Geburtstag beispielsweise sangen die pfälzischen Protestanten zu Gott: „O schütze Du mit starker Hand / Des Herrschers teures Leben! / ...Erhalte seinen neuen Thron / Gesetze und Religion... / Ein Segen werde selbst der Krieg ..."

Die Tatsache, dass die französischen Beamten die deutsche Sprache meist nicht beherrschten, selbst der Präfekt nicht, dass bei Gerichtsverhandlungen übersetzt werden musste, dass Anliegen der Bürger schon aus sprachlichen Gründen oft nicht zügig behandelt wurden, sorgte natürlich für Missstimmung. Dazu kam manches andere. Für viele besonders abträglich waren die Einschränkungen und die Reglementierungen bei der Ausübung der Religion. Die 1798 vorgenommene Einführung des metrischen Systems scheint in der Pfalz keine hohen Wellen geschlagen zu haben. Das Schulsystem allerdings funktionierte nicht zum Besten. Die Verwaltung, in Maßen hochnäsig, konnte Gesetze und Vorschriften aus Paris der Bevölkerung häufig nicht plausibel machen und wollte es bisweilen auch nicht. Die französischen Absichten, die Pfälzer „vollkommen französisch zu machen" wurden durch solche Tatsachen und Umstände nicht gefördert.

Entscheidend für das Scheitern der Franzosen, sich akzeptiert zu sehen, dürfte zu einem großen Teil die wirtschaftliche Situation gewesen sein. Sie blieb in der Franzosenzeit gleichmäßig schlecht. Die Pfalz hatte ihr rechtsrheinisches „Hinterland" verloren. Durch die mehr oder minder stark kontrollierte rheinische Zolllinie waren die Pfälzer vom deutschen Handel abgetrennt worden. Erschwerend kam natürlich die Kontinentalsperre Englands hinzu. Die trotzdem oder gerade deshalb fälligen Abgaben drückten schwer auf das Lebensniveau. Das Land kann in diesen Jahren auf Besucher wahrlich nicht einnehmend gewirkt haben. Es war die Zeit, als selbst die Napoleongegnerin und spätere Deutschland-Enthusiastin Madame de Staël nach Einreise ins Land spontan äußerte: „Ich verabscheue Deutschland." Zur Verbesserung der Infrastruktur auf pfälzischem Boden hätte es mehr bedurft als der Propagierung des Zuckerrübenanbaus und des Tabaks. Präfekt Jeanbon unterstützte entsprechende Versuche von Mohr in Wachenheim. Von der Einrichtung von Polytechnika, von Handelskammern oder gar Wirtschaftsmessen, wie sie im französischen Mutterland gegründet wurden, hat man in der Pfalz nicht viel gehört.

Da fehlten wohl auch einige Voraussetzungen im bäuerlichen Land. Die Förderung des Weinbaus, immerhin das Herzstück pfälzischen Wirtschaftens, sollen die Franzosen links liegen gelassen haben. Aus naheliegenden Gründen, vermutet Friedrich Bassermann-Jordan in seiner historischen Studie. Sie wollten gegenüber den innerfranzösischen Weingebieten wohl keine Konkurrenz zulassen. Andererseits übernahm ein erstarkendes Bürgertum, nachdem es die feudalen und kirchlichen Besitztümer erworben hatte, französische Anbaumethoden mit ihren Auslesen und Spätlesen: die Grundlage für den Qualitätsweinbau in der Pfalz. Das Zweibrücker Gestüt wurde neu gegründet und von Napoleon 1806 zum Nationalgestüt erster Ordnung angehoben. Sichtbares Verkehrsprojekt der Franzosenzeit ist der strategisch erklärbare Ausbau der Straße, die Paris mit Mainz verbindet, besonders

Präfekt Jeanbon St. André im Porträt von Jacques-Louis David

der Ausbau des Endabschnitts zwischen Kaiserslautern über Alzey in die Departement-Hauptstadt. Dort in Mainz saß jetzt der Vertraute Napoleons und Präfekt Jeanbon St. André. Dieser Hugenotte bemühte sich durchaus ernsthaft, zur Verbesserung der Lage beizutragen. Sein pfälzisches Andenken ist noch das am wenigsten ungünstige von allen französischen Repräsentanten dieser Jahre. Die Vermittlung zwischen den höchst unterschiedlichen Interessen von Paris und des neuen Departements hielt ihn in Atem. Seine administrativen Künste bewegten sich zwischen dem Anliegen, der ihm anvertrauten Bevölkerung entgegen zu kommen und der Loyalität zu Frankreich. In seine Zeit fällt die Rettung der Dome von Mainz und Speyer. Speyers Kathedrale sollte ja zumindest zum Teil abgerissen und in ein französisches Nationalmonument, in eine Art Triumphbogen verwandelt werden. Der Widerstand dagegen wurde von Bischof Colmar, einem Elsässer, formuliert. Jeanbon stellte sich nicht dagegen. Kaisergattin Marie Louise hat später Napoleon möglicherweise klargemacht, dass dieser Dom die Begräbnisstätte ihres Urahns Rudolf von Habsburg ist und deshalb zu Recht erhalten worden sei. In Speyer und anderswo wurde in den französischen Jahren kein Bauprojekt von Bedeutung verwirklicht. Die Pläne blieben in den Schubladen, nachdem durch die geldvernichtenden Kriege Napoleons an ihre Realisierung überhaupt nicht zu denken war. Liegen blieben dabei auch die beachtlichen Pläne zum Ausbau eines Straßennetzes auch unterer Ordnung zwischen Straßburg, Metz und Mainz. Eine eigene Siedlungspolitik mit Nationalfranzosen hat Napoleon nicht betrieben, es gab nur wenige Zuwanderer aus Frankreich – und davon waren die meisten Elsässer.

Präfekt Jeanbon kümmerte sich auch um die Sozialfürsorge. In einem modernen Staat sollte es keine Bettler auf der Straße geben. Betteln war im Kaiserreich Napoleons verboten. Schon die Pariser Revolutionäre hatten an die geschlossene Anstaltsfürsorge gedacht. Jeanbon richtete nun 1809 in Frankenthal ein für die Pfalz zentrales Haus für arme und auch arbeitsscheue Leute ein. Eine soziale Rehabilitation war dabei durchaus vorgesehen. Im ersten Jahr der Aufnahmebereitschaft des Hauses, 1811, wurden 350 Personen dorthin verbracht, im nächsten weitere 200. In Wahrheit handelte es sich um eine Art Arbeitshaus. Ein Viertel der Insassen starb während des Aufenthaltes. So begann hier die öffentliche Fürsorge tätig zu werden, die schon in bayerischer Zeit vom kommunalen Spitzenverband in Richtung Behindertenhilfe weiterentwickelt wurde. Aber Jeanbon blieb auch als derjenige in Erinnerung, der den Räuber Schinderhannes – im Volksgedächtnis und in der Literatur bis Zuckmayer hin eine mythisch veredelte Figur – aufs Schafott brachte. Doch was nützte Jeanbon sein ernstes Bemühen, sein abwägendes und ausgleichendes Wesen, wenn draußen Napoleon seine Kriege führte und die jungen Pfälzer scharenweise und selten freiwillig in seine Heere „konskribiert" wurden? Freiwillig haben sich wenige gemeldet, nämlich ganze 404 zwischen 1800 und 1805. Und das in den vier neuen Departements zusammen! So waren die meisten Pfälzer erleichtert, als sie mit Napoleons endgültigem Untergang 1814/15 nicht mehr französisch zu sein hatten. (Landau wurde erst 1816 Bayern übergeben). Die im „Code civil" verankerten rechtlichen Inhalte und Umgangsformen, die mehr Freiheit brachten, wollten die Pfälzer allerdings ebenso wie die Institutionen relativer kommunaler Selbstverwaltung behalten. Das konnte ihnen das Königreich Bayern, dessen abgelegener Teil die Pfalz in der Folge wurde, nicht mehr nehmen. Gerichtsurteile wurden in der Pfalz weiterhin nach napoleonischem Recht gesprochen, erstaunlicherweise bis 1900, als schließlich das Bürgerliche Gesetzbuch eingeführt wurde. Und der pfälzische Bezirkstag als Nachfolger des Conseil général existiert als politisches Kontrollorgan des Kommunalverbandes und Entscheider über spezielle Aufgaben im sozialen Bereich noch heute. Das waren die besten konkreten Hinterlassenschaften der „Franzosenherrschaft". 1831 beschrieb der Speyerer Publizist Georg Friedrich Kolb die Errungenschaften der Franzosenzeit in seiner „Statistisch-topographischen Schilderung von Rheinbayern", den rechtsrheinischen Bayern zur gefälligen Ansicht. Dass Napoleon mit der von ihm bewirkten Abschaffung der mitteleuropäischen Duodezherrschaften politische und wirtschaftliche Fesseln gelöst und dadurch den Aufbruch in andere Zeiten angestoßen hat, geriet besonders durch deutschnationale Geschichtsschreibung und Literatur allzu leicht in Vergessenheit.

20 Jahre Franzosenzeit haben das Land und Einzelschicksale geprägt. Die kulturelle Ausstrahlung Frankreichs und die entsprechende Bindekraft wirkten noch lange nach. Wie steht es mit den Anhängern der Revolutionsideale, den „Patrioten", wie sie anfänglich von den Franzosen genannt wurden, wie steht es mit den „pfälzischen Jakobinern"? Als man noch vom Erbfeind Frankreich sprach, nannte man sie „Französlinge". Die neuere Geschichtsforschung hat sie genauer betrachtet und ihnen bei starker Differenzierung insgesamt ein positives Profil verliehen. Es gab natürlich „Franzoselei". Die

kam und ging, wie der 1848er und Liberale Ludwig Bamberger im Rückblick anmerkte. Es gab Opportunisten in ihrer Zeit. Aber es gab auch Leute mit Profil: Georg Friedrich Dentzel (1755 – 1828) war Pfarrer und Jakobiner und einer der wenigen Pfälzer, die in französischen Diensten den Rang eines Generals erreichten. Der pfälzische Abenteurer und Reisende Friedrich Christian Laukhardt soll versucht haben, Dentzel durch Bestechung auf die deutsche Seite herüberzuziehen, was misslang. Übrigens ist Dentzel der Großvater von Georges-Eugène Baron Haussmann, dem Städtebauer, der in das Paris unter Napoleon III. die breiten Boulevard-Schneisen schlug. Zu nennen ist auch Johann Friedrich Butenschoen (1764 – 1842), der ein Propagandist der Revolution war, und von Straßburg aus agitierte. Von Profession war er Schriftsteller, Politiker und Pädagoge mit Erfolg und Ansehen. In Speyer arbeitete er später noch unter bayerischer Schulaufsicht, wo er in Wort und Schrift nie einen Hehl aus seinen demokratischen Vorlieben

Zwei herausragende Landauer Jakobiner:
Georg Friedrich Dentzel (links) und Johannes Birnbaum (rechts)

machte. Oder Johann Ruland, der Speyerer Zeichner, der 1798 im dortigen Konstitutionszirkel eine tragende Rolle spielte und von dem die bekannte Zeichnung des Freiheitsbaumes vor dem Dom stammt. Erstaunlich ist auch die Biografie von Johannes Birnbaum (1763 – 1832) aus Queichheim. 1795 wurde er in Landau Friedensrichter, 1800 Präfekt in Luxemburg, später vom bayerischen Verfassungsvater Montgelas nobilitiert und in einer juristischen Spätkarriere Vorsitzender des Zweibrücker Oberlandesgerichts. Eine eher zwielichtige Figur war Joseph Reibelt aus Speyer, der ein Agent der Revolution in deutschen Landen war und den man einen „Bruder von Robespierre" genannt hat. Auch der evangelische Theologe und politische Schriftsteller Andreas Riem (1749 –1814) aus Frankenthal wurde zu den Jakobinern gezählt.

Und dann gab es all die Jüngeren, welche die Freiheitsidee weitergetragen haben, bis zum Hambacher Fest 1832, bis zur Revolution 1848/49. Sie heißen Schüler, Geib – Hauptmann in Napoleons Armee und späterer Dichter – sie heißen Savoye, von Denis und Pistor, um nur einige zu nen nen. Unter den politischen Aktivisten befindet sich kaum einer, der nicht auf irgendeine Weise – und sei es familiengeschichtlich – mit dem Wasser der Französischen Revolution gewaschen war. Die Nähe zu Frankreich hat natürlich auch manchen geprägt, der nicht politisch tätig wurde. In der älteren Generation etwa Johann Christian Mannlich (1741 – 1822), den in Paris beim berühmten Boucher ausgebildeten Maler, der die Bilder für das von ihm mit entworfene Schloss Karlsberg gesammelt und dann vor den Sansculotten nach Mannheim und für die Wittelsbacher gerettet hat. Bis hin zu Jakob Hartmann (1795-1873) aus Maikammer, der das Soldatenhandwerk noch in der französischen Kriegshochschule St. Cyr erlernt hatte und der es auf seinem späteren Lebensweg fertig brachte, wohl als einziger General hohe militärische Orden aus drei zuweilen gegnerischen Ländern, nämlich aus Frankreich, Preußen und Bayern, zu erwerben.

Frankreichs Freiheitsidee hat in der Pfalz nachgewirkt. Die Restauration der alten Kräfte, die Unzufriedenheit mit der bayerischen Regierung, die Unzulänglichkeiten der Verwaltung und die wirtschaftlichen Schwierigkeiten haben die Opposition gegen München genährt. Die Pfälzer sangen Spottlieder, französische Freiheitslieder, wobei die französische Sprache offensichtlich ziemlich zu leiden hatte. Freiheitsbäume wurden – nun freiwillig – immer mal wieder aufgerichtet, was unter strenge Strafe gestellt wurde. Deputierte und Journalisten wagten auf Versammlungen manch freies Wort. In Zweibrücken entstand der über die Grenzen der Pfalz hinaus wirkende liberale „Deutsche Preß – und Vaterlandsverein", eine wichtige Keimzelle freiheitlicher Agitation. Die Zweibrücker Richter waren meist liberal, manchmal sogar republikanisch gesinnt. Sie waren durch das fortschrittlichere französische Rechtswesen infiziert, falls sie nicht sowieso aus Familien mit entsprechender Gesinnung stammten. Dazu kommt, dass die Altbayern die Pfälzer gern „Franzosenköpfe" und ähnliches nannten, was denen sicher nicht gefallen hat.

Und der Napoleonkult! Die treuen pfälzischen Soldaten des genialen Strategen Napoleon erinnerten sich bei ihren Veteranentreffen bis weit in die zweite Jahrhunderthälfte hinein an den Mann und seine Schlachten. In Kaiserslautern, Landau, Frankenthal, Zweibrücken und Grünstadt wurden Veteranenvereine gegründet. Dort entstanden auch meist Veteranendenkmäler. Im Gedächtnis des Volkes war Napoleon noch viele Jahre gegenwärtig. August Beckers 1857 erschienenes Buch „Die Pfalz und die Pfälzer" spiegelt dies noch wider. Martin Greif, der Speyerer Autor aus dem Münchner Dichterkreis, hat anrührend geschildert, wie die Landauer Veteranen und die bessere Landauer Gesellschaft ihre französischen Reminiszenzen gepflegt haben – unter der Jakobinermütze, die immer noch auf der ehemaligen Augustinerkirche befestigt war. In Sagen, Balladen und Anekdoten vergegenwärtigte man sich Napoleons Taten, an südpfälzischen Felsformationen erkannte man seine markante Silhouette mit dem Zweispitz. Mittels Säulen, Denksteinen und Bänken wollte man sein Wirken verewigen. Bildliche Darstellungen des Feldherren wurden bis in die zweite Jahrhunderthälfte hinein gehandelt. Es gab eine veritable Erinnerungs- und Kitschindustrie. Napoleon auf Fliesen, Steingut, Fassböden und Tapeten, dazu in Gedichten und Liedern. Die Ironie der Geschichte will, dass der Höhepunkt der Napoleonverehrung in der Bevölkerung zeitlich mit der hochpolitischen deutsch-französischen Krise um 1840 zusammenfiel. Die Nähe der Pfälzer zu Frankreich und zu den durch Revolution und Empire erfahrenen Ideen und ererbten Institutionen wurde besonders von Deutschen aus anderen Gegenden immer wieder und je nach politischer Einstellung lobend oder tadelnd festgestellt. Sehr negativ zum Beispiel von dem deutschnationalen preußischen Historiker Treitschke. Aus französischer Sicht allerdings wurde der Sachverhalt, dass die Pfälzer Frankreich zugewandt seien, wie selbstverständlich angesehen. Die Franzosen störte eher, dass die Pfälzer die Marseillaise oder die Parisienne so barbarisch falsch sangen.

Die Französische Revolution und die napoleonische Herrschaft hatten große Auswirkungen auf das Staats- und Gesellschaftsverständnis, natürlich besonders in Frankreich. Eine zentral und straff gesteuerte Regierung mit geordneter Administration, aber auch die Schaffung eines Volksheeres beförderten die Identifikation im Nationalstaat auf breiterer Grundlage. Dazu kam, dass Frankreich durch die Restauration nicht zur Republik zurückkehrte, was ja endgültig erst 1871 geschah. Die Nationalstaatsidee schlug in Frankreich im 19. Jahrhundert starke Wurzeln, was dazu beigetragen hat, dass auch im Deutschen Bund nationalistische Ressentiments wuchsen. Der französische Ärger darüber, nach Napoleons Waterloo in die Schranken gewiesen worden zu sein, konnte sich jederzeit Luft machen. Die sogenannte „Rheinkrise" 1840/41 ist dafür exemplarisch. Französische Prestigepolitik des Kabinetts von Adolphe Thiers richtete ihre Spitzen gegen Deutschland, was wiederum eine Welle von antifranzösischen Bekundungen in den deutschen Ländern hervorrief, natürlich in den besonders betroffenen rheinischen Gebieten. „Sie sollen ihn nicht haben / den freien deutschen Rhein", schallte es von hier aus dem Mund des Dichters Nikolaus Becker, und sein französischer Kollege Alfred de Musset antwortete „Nous l'avons eu, votre Rhin allemand" ... Versöhnlicher antwortete ein an-

Frankreich und Deutschland in der Karikatur zur „Rheinkrise"

derer großer französischer Dichter, Alphonse de Lamartine. Doch war nun einmal ein Ton angeschlagen, der nicht so schnell wieder verklingen sollte. Selbst Victor Hugo unterlag dieser Stimmung, forderte die Rheingrenze, wenn auch dieser bedeutende Schriftsteller die von französischen Soldaten verübten barbarischen Akte bei der Plünderung und Schändung der Speyerer Kaisergräber 1689 sehr bedauert hat.

Die nationalistische Stimmung war latent. Selbst das Hambacher Fest richtete 1832 bei aller Freiheitsseligkeit und Verbrüderungsstimmung schon mahnende und nationalistisch klingende Parolen an Frankreich. So auch einer der Hambacher Protagonisten, Johann Georg August Wirth. Der hatte in seiner Rede die eigens aus Straßburg angereiste Delegation der "amis du peuple", der Volksfreunde, kräftig vor den Kopf gestoßen, und überraschend stark den nationalen Sinn des Festes herausgestellt. Darauf sah sich Lucien Rey aus Straßburg herausgefordert, eine Gegenrede zu improvisieren. Auch der ehrenwerte Philipp Jakob Siebenpfeiffer sagte: „Wir wollen die Freiheit nicht aus den Händen der Franzosen!" In Paris fand ein Parallelfest zu Hambach statt, für die Freiheitsfreunde, die nicht in der Pfalz dabei sein konnten. Dort sah man das wohl anders. Der berühmte Schriftsteller und Emigrant Börne war eigens aus Paris angereist und eine Art Stargast in Hambach. Heinrich Heine war in der französischen Hauptstadt geblieben und hat auf seine Art sarkastisch kommentiert, was in Hambach herausgekommen war: Nichts Reales! Natürlich richteten sich die Blicke von Hambach nach Paris, weil nach einem verbreiteten Diktum der Zeit Frankreich als „das Zifferblatt Europas" galt. Doch die allgemeine Stimmung, die sich ankündigte, konnte die revolutionär gestimmten Europabürger rechts und links des Rheins nicht befriedigen.

Der wissenschaftliche und technische Fortschritt, die daraus entstehende industrielle Revolution, die damit verbundene verkehrstechnische Mobilität, die Beschleunigung des Alltags, der verstärkte Austausch von Waren und Menschen, die grenzüberschreitenden Interessen eines sich herausbildenden und prosperierenden Bürgertums, all dies konnte den heraufziehenden Nationalismus des 19. Jahrhunderts nicht aufhalten. Im Gegenteil: der Nationalismus stellte diese Entwicklungen in seinen Dienst.

Grenzüberschreitend war die Einrichtung der Bahnstrecke Metz – Saarbrücken – Mannheim 1851/52. 1845 war der Bau der Ludwigsbahn von der Rheinschanze (später Ludwigshafen) aus begonnen worden. Chefkonstrukteur war einer der führenden deutschen Bahnpioniere, der französische Staatsbürger Paul Camille von Denis (1796-1872), der in Frankreich aufgewachsen war, in Paris das Lycée Louis le Grand besucht hatte – wie übrigens nur wenig später Charles Baudelaire – und in das elitäre Pariser Polytechnikum aufgenommen worden war, das er absolvierte, ehe er in der Pfalz und im Umkreis der Demokraten seine Tätigkeit begann. Die Bahn war 1849 fertig. Denis steht Frankreich ebenso nahe wie der Bergzaberner Friedrich Schüler (1791 – 1873), der in Metz im Rufe eines vornehmen Republikaners gestorben ist. Schon in Hambach war der mit Lafayette verwandte Südpfälzer dabei, 1848/49 im Freiheitskampf abermals. Nach der gescheiterten Revolution entzog er sich durch Flucht nach Lothringen der drohenden Todesstrafe. Erinnern wir uns an Joseph Savoye (1802 – 1869), ein Zweibrücker Anwalt, der 1832 die Organisation des Hambacher Festes mit übernommen hatte und danach ins benachbarte Frankreich fliehen musste. Er arbeitete dort als treibende Kraft im „Bund der Geächteten", wurde auch deshalb 1849 kurzfristig in die französische Nationalversammlung gewählt. Oder denken wir an den aus einer Bergzaberner Bürgerfamilie stammenden Daniel Friedrich Ludwig Pistor (1807 – 1886), der in Hambach eine aufrüttelnde Rede gehalten hat und ebenfalls nach Frankreich ausweichen musste. Wie viele exilierte Pfälzer Demokraten mag es gegeben haben, wie viele davon in Frankreich und in Paris! Paris war die „Hauptstadt des 19. Jahrhunderts", wenn auch nicht durchgehend die Hauptstadt einer Republik. Die Ideen wirkten dort eher als in der Provinz. In Wissenschaft und Technik, vor allem im Kultur- und Gesellschaftsleben war Paris tonangebend und auch für den einen oder anderen Pfälzer attraktiv.

Inzwischen waren die Pfälzer jedoch in Bayern eingebunden und ihre jungen Talente fanden sich jetzt in München eher ein als in Paris. Wer besuchte schon die Pariser Kunstakademie wie der in Speyer geborene Maler Anselm Feuerbach, 1854, als Schüler von Couture? Auch der heute vergessene Frankenthaler Maler Caesar Karl Willich arbeitete 1853 – 1856 bei Couture. Das waren seltene Ausnahmen. Die Pfälzer widmeten sich nach all den Erbfolgekriegen, Besetzungen und ihren misslungenen Freiheitskämpfen eher den neuen Möglichkeiten eines materiellen Aufschwungs, welche die fallenden Zollschranken im Deutschen Bund und die liberale Wirtschaft in der aufkommenden industriellen Revolution boten. Die Stimmung der Bismarckschen „Realpolitik“ fand in der Pfalz ihre bodenständige Variante. In dieser Zeit profilierte sich auch das Selbstbild der Pfalz als schönes, sonnenbeschienenes, wein- und wanderseliges Fleckchen Erde.

Die in München und Berlin geschmiedete Politik lief schließlich auf „Nationbildung“ unter preußischer Führung hinaus. Das erwies sich bald nach der vor allem durch Preußen bewerkstelligten Niederschlagung der badisch-pfälzischen Revolution 1848/49. Bismarck entschied die Reichsgründung in der Folge dreier Kriege 1864, 1866 und 1870, von denen der letzte ein deutsch-französischer war. Die Pfalz war diesmal nur Auf- und Durchmarschgebiet. Das war der Strategie Moltkes zu verdanken, der die Initiative an sich gerissen hatte und so den Plan der französischen Generalität konterkarierte, durch eine Offensive in die Pfalz Nord- und Süddeutschland zu trennen. Die Schauplätze der Schlachten lagen im benachbarten Elsass und Lothringen, Provinzen, die nach dem deutschen Sieg jetzt dem in Versailles ausgerufenen Deutschen Reich zugeschlagen wurden. Von nun an standen sich ein zweites Kaiserreich und eine dritte französische Republik gegenüber. Die Pfalz ging politisch im Reich auf und schleifte wie die Festung Landau ihre französischen Erinnerungen. Es blieb auch dort fast nichts sichtbar von der doch über 100-jährigen Franzosenzeit. Den neu eingerichteten deutschen Nationalfeiertag, den „Sedanstag“ zur Erinnerung an die siegreiche Schlacht bei Sedan am 2. September 1870 hat man in der bayerischen Pfalz weniger gefeiert als in Preußen. Das war mehr Preußens Gloria. Dass der Sedanstag dazu beigetragen hat, in Frankreich den Geist der Revanche bis zum 1. Weltkrieg hin sehr wach zu halten, ist allerdings leicht nachzuvollziehen. Unausgesprochen war die Gegnerschaft zwischen Frankreich und Deutschland sowieso längst zur Struktur der europäischen Politik geworden. Exemplarisch dazu illustrieren Biographie und Werk des elsässisch-lothringischen Autorenduos Erckmann-Chatrian diese Entwicklung. Der aus Phalsbourg (Pfalzburg) stammende Emile Erckmann (1822-1899) hatte auch pfälzische Vorfahren und kannte sich in der Pfalz bestens aus, was die im bäuerlichen Realismus geschriebenen und oft im südpfälzischen Milieu spielenden Geschichten, die er ab 1847 mit seinem Landsmann Alexandre Chatrian (1826-1890) immer auf Französisch verfasste, beweisen. Die Bücher, von denen eines die legendär gewordene Figur des elsässischen „Ami Fritz“ gestaltet, waren in Frankreich und in Deutschland Bestseller geworden. Gefördert von dem sich verstärkenden Nationalismus prägten Erckmann-Chatrian in der zweiten Hälfte des Second Empire unter Napoleon III. dann aber eine nachgerade deutschfeindliche Werklinie, was schließlich dazu führte, dass Erckmann nach 1871 aus seiner dem Deutschen Reich zugeschlagenen Heimat verbannt wurde.

Heute liegen sie im Museum in Woerth (Elsass) beisammen: Die Helme von Soldaten, die 1870 einen Krieg zwischen Deutschen und Franzosen führen mussten.

Das Machtzentrum innerhalb der deutschen Länder hatte sich also nach Norden verschoben. Die Pfalz wurde als überwiegend agrarische Provinz weniger von wirtschaftlicher Dynamik erfasst als andere Regionen im Reich. Als achter bayerischer Bezirk war sie territorial nicht mit dem Königreich verbunden. Kulturell machte sich das Fehlen eines geistigen Zentrums bemerkbar, da eine solche Rolle Mannheim und Heidelberg mit ihrer Zugehörigkeit zu Baden kaum mehr spielen konnten. Ein nennenswertes Zusammenwachsen mit den neuen Reichsländern Elsass und Lothringen hat es zwischen 1871 und 1918 auch nicht gegeben. Feindbilder produzierte die große Politik in Berlin wie in Paris. Standen sich die „Kulturnationen“ Deutschland und Frankreich am Anfang noch respektvoll gegenüber, so konnte dies von den politisch Verantwortlichen nicht mehr gesagt werden. Eine Ausnahmegestalt ist in diesem Zusammenhang der 1832 in Landau geborene Michel Bréal, der in Paris und Berlin studierte und zum Wegbereiter der modernen Linguistik wurde. In Paris war er Professor für Vergleichende Grammatik am Collège de France und Mitglied des Institut de

France, beauftragt mit kulturpolitischen Aufgaben für Frankreich. Er gab unter anderem seinem Freund Baron de Coubertin die Idee des Marathonlaufes als Teil der modernen Olympischen Spiele. Bréal war zum Weltbürger geworden. Der spätere Schwiegervater von Romain Rolland setzte sich auch nach 1871 als einer der Wenigen für die Aussöhnung von Deutschen und Franzosen ein.

Junge pfälzische Künstler wie Hans Purrmann und Albert Weisgerber zog es nach der Jahrhundertwende nach Paris, einen jungen Kunsthändler wie den in Mannheim geborenen, elterlicherseits aus Rockenhausen stammenden Picasso-Entdecker Daniel Henry Kahnweiler ebenso. Max Slevogt, Adept des französischen Impressionismus und später der grandiose Maler südpfälzischen Lichts, war schon vorher dort gewesen. Die Attraktivität der französischen Hauptstadt war besonders für Bildende Künstler zu groß, als dass man sie hätte übersehen können. Der Speyerer Purrmann brachte seinen Meister Henri Matisse im Sommer 1908 zu einem Besuch in die Heimatstadt.

Das Pfälzisch-Französisches Malertrio: Purrmann, Weisgerber und Matisse im Gasthof Löwenbräu in München 1910

Bei Klostermann, einem Keramikunternehmen, töpferten sie gemeinsam. Aber welche Pfälzer Forscher, Ärzte, Sozial- oder Kulturwissenschaftler der wilhelminischen Epoche haben Studien oder Aufenthalte in Frankreich aufzuweisen? Welche Beamten und Wirtschaftsführer taten sich zu dieser Zeit in Frankreich um? Von Hunderten bedeutender Pfälzer kaum ein Dutzend! Die Nationen haben sich machtpolitisch belauert und ihre Eliten haben sich diesem Unverhältnis weitgehend gefügt. Bis sich im August 1914 diese Spannung im Hurrageschrei des Kriegseintritts entlud.

Der 1. Weltkrieg verschonte die Pfalz als Kriegsschauplatz weitgehend. Sein Verlauf brachte den Völkern, besonders aber Franzosen und Deutschen, unsagliche Verluste an Menschen, Wirtschafts- und Kulturgütern. Die Franzosen auf der Siegerseite hatten sich im mörderischen Stellungskrieg vor Verdun und anderswo inmitten einer Topographie des Grauens behauptet. Nach dem Krieg gehörten das Elsass und Lothringen wieder zu Frankreich, für unbestimmte Zeit lag dessen Hand auf dem Saarland einschließlich der saarpfälzischen Kreise um Homburg und St. Ingbert. In der Pfalz und in den Rheinlanden waren die Franzosen nun Besatzer. Die Revanche für Sedan war also endlich vollzogen. Den Pfälzern aber schienen sich die Vorgänge und Verhältnisse von vor 100 Jahren zu wiederholen. Da gab es eine französische Militärverwaltung mit reichlich Siegersymbolik und Arroganz. Ein Unterschied im äußeren Bild stellten allerdings die vielen farbigen Soldaten aus den französischen Kolonien dar. Es fiel wie überall im Reich manches Wort gegen die „schwarze Schmach“, viele rassistische Bekundungen wurden laut. Es gab inneren Widerstand und Abneigung. Die Symbole der Franzosen wollte man nicht ehren. Die Ludwigshafener empfanden die Trikolore auf der Rheinbrücke wie einen Gesslerhut, den zu grüßen man vermeiden wollte. In Germersheim wurde 1922 die letzte deutsche Festung geschleift, wie es im Versailler Vertrag festgelegt worden war. Ein Thema war der Raubbau am Holz des Pfälzerwaldes. Die Besatzer fällten 1923 sogar die Kaiser-Eiche! Ein europaweit einmaliger Bestand von 220-jährigen Kiefern im „Kleinen Ehscheid“ bei Elmstein wurde allerdings mit Wissen eines französischen Forstmannes gerettet.

Besatzungssoldaten in Ludwigshafen, 1919

Die französische Politik unterstützte mehr oder minder offen die Separatistenbewegung in den Rheinlanden. 1919 machte sich besonders in der Südpfalz eine von dem Landauer Chemiker Eberhard Haas(s) geführte Bewegung „Freie Pfalz" bemerkbar, unterstützt vom Befehlshaber der französischen Besatzungstruppen General Gérard. Doch durch den Widerstand der Bevölkerung und mit der Einführung der Weimarer Verfassung im Reichsgebiet war diese Bewegung schnell am Ende. Dramatischer verlief das Jahr 1923. Die lahmende Wirtschaft, der Zerfall der Währung im Reich, die ungelöste Frage der Reparationen besonders gegenüber Frankreich und dessen unnachgiebige Haltung überhaupt führten in der Pfalz zu einer Situation echter Depression. Nachdem das Ruhrgebiet von den Franzosen besetzt worden war, verordnete die Reichsregierung den passiven Widerstand als Druckmittel. Doch der hatte nur weitere Repressalien der Besatzungsmacht zur Folge. Man fühlte sich von Bayern und von Berlin alleingelassen. Auch eine Aufhebung des passiven Widerstands durch die Regierung Stresemann führte kurzfristig zu keiner nennenswerten Verbesserung. Eine neue Währung als Voraussetzung des wirtschaftlichen Neuanfangs war nicht in Sicht. Die Lage entwickelte sich zusehends explosiv. Die wirtschaftliche Loslösung vom Reich wurde in Unternehmer- und Bankierskreisen wie auch vor allem in der SPD ernsthaft diskutiert. Im Herbst gewann dann eine neue Separatistenbewegung schnell Zulauf, besonders getragen von der damaligen Freien Bauernschaft, generell aber vom Milieu deklassierter Schichten. „Lieber französisch sterben als deutsch verderben" war beispielsweise eine gängige Redensart unter diesen Bauern. Im November gab es den Putsch der Separatisten in der Pfalz. Möglich gemacht wurde dieser durch die heimliche Hilfe der Franzosen, wobei anzumerken ist, dass die Franzosen den Separatismus nicht selbst entwickelt hatten. Am 5. November wurde die Regierung einer „Autonomen Pfalz" in Speyer installiert. Diese hielt nicht lange, keine 100 Tage. Es kam zu heftigen Auseinandersetzungen bis hin zu politischen Morden. Im „Wittelsbacher Hof" in Speyer fiel im Januar 1924 der pfälzische Separatistenführer Heinz aus Orbis einem Attentat zum Opfer, bei dem die bayerische Regierung und rechtsrheinische Unterstützer die Hände mit im Spiel hatten. In Pirmasens steckte eine auf gestachelte Menge das Bezirksamt in Brand. 15 Separatisten und sieben Angreifer kamen dabei um.

Separatisten finden den Flammentod beim Brand des Bezirksamtes Pirmasens 1924

Frankreich hatte unter Poincaré auf die Abtrennung der linksrheinischen Länder gesetzt, solange die Reparationen für den Weltkrieg nicht geklärt waren. Nach dem internationalen Abkommen mit allen Siegermächten erhielt die Reichsregierung nun mehr Spielraum auch für die Wirtschaft. In der Folge fiel der Separatismus in sich zusammen. Sein Image wurde von rechtsnationalen Kreisen ausschließlich negativ geprägt, erst recht in der Zeit der Naziherrschaft. Erst die heutige Historikergeneration beweist eine unvoreingenommene Sicht auf den Separatismus. Roland Betschs völkisch durchwirkter Roman „Ballade am Strom“ mit seiner hohen Auflage gibt die herrschende gegen Frankreich und seine Anhänger gerichtete Stimmung dieser Jahre sehr aufschlussreich wieder: Der echte Pfälzer wolle kein Mischvolk, er möchte „unverbastert“ bleiben, so der Tenor. Nicht alle Separatisten waren allerdings „Franzosenfreunde“ im engeren Sinne. Die meisten schlossen sich dieser Bewegung aus schierer Not an, es waren Arbeitslose und kleine Geschäftsleute, Fabrikarbeiter der BASF, die um ihr pures Überleben kämpften. Die Misere in der Pfalz war in den ersten Jahren nach dem Krieg unvorstellbar groß, in den Grenzgebieten war der Franc darüber zur Ersatzwährung geworden. Eine Art französisches Ersatzgeld, der „Regiefranken“, hatte allerdings keinen Bestand. Politisch vom Reich ins Leben gerufene wirtschaftliche Perspektiven waren lange nicht in Sicht. Also war es kein Wunder, dass man sein Heil woanders gesucht hat.

Einmal mehr täuschten sich die Franzosen in dieser Zeit über ihre Akzeptanz bei der Bevölkerung. Vielmehr machte sich erheblicher innerer und äußerer Widerstand bemerkbar, gefördert natürlich besonders durch die schlechte wirtschaftliche Situation in der vom rechten Rhein abgeschnürten Region. Die angelsächsischen Alliierten der Franzosen verhinderten dabei deren Lust auf mehr territoriale Sanktionen. Der französische Transfer von Kultur, Bildung und Erziehung in die Pfalz blieb damals bei guten Ansätzen. In den wenigen Jahren materiellen Notstands, von Hunger und Inflation, Arbeitslosigkeit und Rechtsunsicherheit geprägt, war die Aufnahmebereitschaft dafür auch nicht sehr groß. Aus Berlin vernahm man, dass erst das Fressen komme und dann die Moral. Und Berlin hatte in diesen Jahren Paris als Kulturhauptstadt Europas überflügelt. Auf der Ebene des Alltags, des platten Lebens, gab es das normale Nebeneinander zwischen französischem Militär und der Bevölkerung. Es gab auch immer wieder Fraternisierungen. Allein in Speyer sollen im Jahr 1919 200 „Franzosenkinder“ als Zeugnisse dieser Verbindungen entstanden sein – gesellschaftlich geächtet und später von den Nazis verfolgt. Die Stimmung gegen Frankreich entlud sich sehr heftig, als die französischen Besatzer 1930 abzogen. Einen ungeheuren Jubel und Taumel dokumentieren die Bilder und Berichte von damals, Freudenfeuer allerorten, aus heutiger Sicht schier unverständlich. Die über 1500 Liter fassende Domschüssel zu Speyer wurde zur Feier des Tages mit Wein gefüllt und ausgetrunken.

Als Hitler an die Macht kam, ahnten leider wenige, dass die beiden Völker schon bald wieder gegeneinander im Krieg stehen würden. Doch die Vorstellungen vom Erbfeind Frankreich und vom ungerechten Versailler Friedensvertrag waren in Deutschland überaus wirksam und der Angriff wandte sich wieder gegen das Nachbarland. Kaum war der Polenfeldzug der Wehrmacht beendet, nahm man sich Frankreich vor, das 1940 innenpolitisch zerrissen und militärisch unvorbereitet, dem Blitzkrieg der Deutschen wenig entgegensetzen konnte. Das ersparte zwar viel Blutvergießen, brachte dem Land aber eine moralische Niederlage, nicht nur durch die Tatsache der Kollaboration mit dem Naziregime. Jetzt waren Elsass und Lothringen wieder deutsch und Fritz Walter spielte Fußball in einer Liga, zu der auch Metz und Diedenhofen (Thionville) gehörten. Die jungen Pfälzer Soldaten lernten die konsumierbaren Kulturgüter Frankreichs schätzen, Wein, Liqueur, Champagner und Parfums. In der Pfalz bewirkte der Lingenfelder Gauleiter Bürckel inzwischen eine Schwächung der pfälzischen Identität mit der Umbenennung von Pfalz und Saar in den Gau „Westmark“. Franzosen gab es dann als „Fremdarbeiter“. Im südwestfranzösischen Lager Gurs darbten und starben die dorthin deportierten pfälzischen Juden.

Die Trikolore wehte wieder an öffentlichen Gebäuden der Pfalz, da Frankreich als ein Siegerstaat des 2. Weltkriegs im Gefolge der Amerikaner 1945 Besatzungsmacht wurde. In den Endkämpfen hatten die französischen Truppen gegen die zurückweichende Wehrmacht noch einen beachtlichen Blutzoll – einen teilweise überflüssigen, da nur militärischem Prestige geschuldeten – entrichten müssen. „Der 19. März: ein bedeutendes Datum für französische Herzen“, notierte der Oberkommandierende der 1. Französischen Armee Lattre de Tassigny am 19. März 1945, denn an diesem Tag eroberten seine algerischen und tunesischen Schützen mit Scheibenhardt das erste Dorf in Deutschland. Die Besatzungszeit von wiederum einem Jahrzehnt wiederholte, was in der Pfalz ähnlich 1792 und 1919 erlebt worden war: die Arroganz der Sieger und die Unterwerfungsgesten der Besiegten, empfundene Schmach und materieller Verlust, Vergewaltigungen und unehelich gezeugte Kinder der Besatzungssoldaten. Doch diesmal war für die Unterlegenen alles noch viel schlimmer. Sie hatten einen historisch einmaligen „Zivilisationsbruch“ mitgetragen und wurden dafür bitter bestraft.

Die Einteilung der Zonen war erst Ende Juli 1945 endgültig erfolgt. Frankreichs de Gaulle reiste wiederholt durch die Pfalz. Ursprünglich war er ein Verfechter der alten Rheinpolitik Frankreichs. Am Speyerer Dom hielt er schon am 30. März 1945 eine Militärparade ab. Die Einquartierungen des Militärs wiederholten sich ähnlich wie nach dem Ersten Weltkrieg. Eine Umerziehung der Bevölkerung fand vor allem in den Schulen statt. Zeitungen und Bücher erschienen nur mit Lizenz. Veranstaltungen, Plakatanschläge und Filmvorführungen bedurften einer Genehmigung des Militärkommandanten. Die Versammlungsfreiheit war natürlich sehr eingeschränkt. Auf der Straße hatte man dem französischen Militär auszuweichen. Eine auf Deutschland hin orientierte Politik der Pfälzer wurde behindert. Kurt Schumacher durfte beispielsweise im April 1947 aus diesem Grund in Speyer nicht reden. Fahrzeugzulassungen gab es kaum. Der Rhein war eine annähernd unpassierbare Zonengrenze zu den Amerikanern auf der anderen Uferseite. Mangelwirtschaft machte auch den Franzosen zu schaffen. Schon deshalb konnten sie nicht viel verteilen. Ihr Besatzungsregime war anfänglich generell strenger als das der Amerikaner und Briten. Einstweilen gestanden die Franzosen einen täglichen Bedarf von 900 Kalorien pro Person und Tag zu, in einigen kritischen Phasen sank die Ration auf 600 Kalorien. Das war sogar weniger als die Russen in der sowjetisch besetzten

Französische Soldaten in einem südpfälzischen Dorf, 1945

Zone vorsahen. Die französische Politik legte es darauf an, die Kosten der Besatzung so weit wie möglich von den Besetzten bezahlen zu lassen. Das war auch nötig, da die Wirtschaftslage im eigenen Land kriegsbedingt sehr schlecht war.

Als Kulturnation sorgten die Franzosen für die verstärkte Einfuhr kultureller Güter. Sprachunterricht wurde organisiert, Lehrwerke zum Erlernen der französischen Sprache wurden eilends herausgegeben, ebenso Anthologien mit Texten zu Freiheit und Humanität. Konzerte, Lesungen, Filmvorführungen und Vorträge wurden reichlich veranstaltet. Der aus Deutschland emigrierte große Schriftsteller Alfred Döblin („Berlin Alexanderplatz") erschien als französischer Kulturoffizier – und war von der Verstocktheit seiner ehemaligen Landsleute sehr enttäuscht. Unvoreingenommen verhielt sich Annie Roulette, die von 1946 bis 1948 in Speyer als Hilfslehrerin Französisch am Aufbaugymnasium unterrichtete und darüber viel später als bekannte Schriftstellerin unter dem Pseudonym Catherine Paysan den autobiografischen Roman „L'amour là-bas en Allemagne" schrieb: Liebe, dort hinten in Deutschland. Landau war traditionell wieder die größte französische Garnison in der Pfalz, doch das Hauptquartier der Militärverwaltung lag in Baden-Baden. Die militärische „Bewegungsfreiheit" der Franzosen in der Pfalz war dieses Mal allerdings durch die Anwesenheit der Amerikaner als Führungsmacht im aufkommenden Kalten Krieg eingeschränkt. Die Amerikaner errichteten in der Westpfalz allmählich gewaltige Militärbasen. Französisches Militär und deutsche Bevölkerung lebten dabei alles in allem nebeneinander her.

Mit der Verbesserung der wirtschaftlichen Lage, dem Wirtschaftswunder der fünfziger Jahre, verstärkte sich auch das Interesse an französischen Filmen, an Literatur, Philosophie, Theater und Bildender Kunst, an Musik und Chansons. Mit den Ferienreisen war es dann die französische Lebensart, die besonders die Nachkriegsgeneration anzog. Der Studienrat für Französisch mit seiner Baskenmütze und mit einem bald wohl sortierten Keller voller vin rouge und anderen edlen Tropfen aus dem Nachbarland wurde nachgerade sprichwörtlich. Waren es anfänglich Jean Cocteau und Jean Paul Sartre, Jean Giraudoux und Jean Anouilh, die eine heute unvorstellbare Beachtung fanden, so begeisterten später Edith Piaf und Brigitte Bardot. Das Frankreich der neuen Nähe erschien plötzlich ganz anders. So bereitete das schlechte Gewissen der Alten und die Neugier und Lebenslust der Gauloises rauchenden Jungen das vor, was im Rückblick „das Wunder der Versöhnung“ genannt wurde. Im Zeichen der Versöhnung entstand in Speyer 1953 die dem Heiligen Bernhard von Clairvaux geweihte St. Bernhardskirche. Unter seinem Patronat trafen sich die christlichen Staatsmänner Konrad Adenauer und Robert Schuman zur grandiosen Grundsteinlegung eines neuen Europas und eines neoromanischen Kirchenbaus.

Im Unterschied zu den Jahren nach 1918 hat die französische Besatzung nach dem 2.Weltkrieg einige Dinge hinterlassen, die Bestand hatten. So folgte die Gründung des anfänglich absolut künstlichen Bundeslandes Rheinland-Pfalz den Grenzen der französischen Zone in ihrem nördlichen Teil, und zwar schon am 30. August 1946 durch Verordnung im Gesetzblatt der französischen Militärregierung. Stolz verkündeten die Franzosen: „Il est créé un Land“, ein Land ist geschaffen. Dieses aus sehr verschiedenen Teilen zusammen gewürfelte Land blieb kein Provisorium und hat in 60 Jahren seines Bestehens Kontur gewonnen. Die Gründung der Landesuniversität in Mainz mit der Außenstelle eines Sprachen- und Dolmetscherinstituts im pfälzischen Germersheim folgte wiederum der Logik des Neuanfangs. In Speyer errichteten die Franzosen nach dem Vorbild ihrer berühmten Ecole Nationale d’Administration (ENA) eine Hochschule für Verwaltungswissenschaften, heute eine Graduierten-Einrichtung von nationaler Bedeutung.

In der Folge blieben die Pfälzer den Franzosen treu, lernten Französisch als erste Fremdsprache, bedauerten die französischen Rekruten, die in Indochina und in Algerien eingesetzt wurden und beteiligten sich an den Gemeindepartnerschaften. Von de Gaulle ließen sie sich später gerne schmeicheln. Über das Deutsch-Französische Jugendwerk, die zahlreichen „Jumelages“ und die Deutsch-Französischen Gesellschaften entstanden viele persönliche Kontakte ins Innere Frankreichs. Die Landauer, die Neustadter und die Speyerer betrachteten ihre französischen Militärs spätestens nach der Wiedererlangung der vollen Souveränität der Bundesrepublik mehr oder minder als ihnen zugehörig. Diese Franzosen wohnten dann in der jeweiligen „Cité de France“. Man traf sich im deutsch-französischen Kindergarten oder bei Konversationsstunden und in Vereinen. Als die Franzosen nach dem Mauerfall die Gründe ihres weiteren Bleibens überdachten, machte sich Bangigkeit über die mögliche Abwanderung nicht nur von Wirtschaftskraft breit. Der Pfälzer Bundeskanzler Helmut Kohl führte französische Staatschefs mit Begeisterung in seine Heimat. Von Mitterrand über Balladur bis Chirac waren sie alle da, frischten ihre Geschichtslektionen über den Speyerer Kaisergräbern auf und probierten in Deidesheim den Saumagen. Das ist jetzt vorbei. Die Militärs sind seit 1999 weg. Die Umwandlung der freigewordenen Baulichkeiten und Flächen brachte natürlich Probleme mit sich und wurde zur städtebaulichen Herausforderung. Diese „Konversion" in andere Nutzungen stellt sich bis heute als vorrangige Aufgabe in den betroffenen Städten und Gemeinden. Besonders in Landau mit der ehemals größten französischen Garnison werden die über das Stadtgebiet verstreuten freigewordenen Kasernenbrachen und ehemaligen Wohngebiete der Militärs mit großer Mühe zu neuer Nutzung umgewidmet und saniert, ähnlich geschieht es andernorts.

Abzug der 5. Panzerdivision am 25. Juni 1992 aus Landau

Frankreich und Deutschland benehmen sich mittlerweile wie manches ältere Ehepaar. Man kennt sich so gut, man hat sich so gut aneinander gewöhnt, dass man sich nicht mehr so interessant findet. Die strukturelle Freundschaft – ein Gegenstück zur strukturellen Feindschaft 100 Jahre zuvor – vermindert paradoxerweise die gegenseitige Attraktivität. Die Ausbreitung der angelsächsischen Kultur in Frankreich wie in Deutschland bringt überdies eine Gemeinsamkeit der hintergründigen Art, die das Interesse am anderen zugunsten eines übergreifenden Dritten schwinden lässt. Andere Interessenfelder eröffnen sich durch gesteigerte Möglichkeiten von Mobilität und Kommunikation. Abzulesen sind diese Sachverhalte an der Entwicklung der Sprache. War die Sprache der Pfalz, der pfälzische Dialekt also, noch vor 50 Jahren mit Hunderten von französischen Wörtern oder eingedeutschten Lehnwörtern gespickt, so ist heute fast alles davon verschwunden. Heute wird die Sprache vielmehr durch Anglizismen aus Wirtschaft, Technologie und einer internationalen Popkultur geprägt. Ist das nun ein Zeichen von Verlust?

Gewonnen hat die junge Geschichtsforschung. Eine neue Generation von Historikern und Politologen in beiden Ländern betrachtet den Rhein und seine ihn umgebenden Landstriche als geeigneten Gegenstand, um die mit ihm verbundenen, sich kreuzenden Phänomene im Sinne einer „histoire croisée“ zu studieren.

Die zwischenstaatlichen Probleme von früher sind alle gelöst, das letzte war 1986 beziehungsweise 1990 die Befriedigung der Interessen um den sogenannten Oberen Mundatwald, der mit seinen Bächen Weißenburg mit Wasser versorgt und deshalb Frankreich zugeschlagen worden war. Die Grenzen sind offen. Doch besteht trotz regionaler Bemühungen wenig Dynamik. Immerhin gibt es besonders in der badisch-pfälzisch-elsässischen Grenzregion einen beachtlichen „Kleinen Grenzverkehr.“ In Lothringen ist durch den Niedergang der dortigen Schwerindustrie in den siebziger Jahren nicht sehr viel Ersatz an Arbeitsplätzen gefunden worden. Auch auf deutscher Seite ist da kein großes Angebot. Die Franzosen strömen nicht hierher, die Deutschen belassen es bei Tagesausflügen ins Elsass. Die dynamische Mitte Europas müsste eigentlich anders in Bewegung sein. Auch die Westpfalz kann in den Sog des wirtschaftlichen Abschwungs geraten. So ist die Einführung der schnellen Züge von und nach Paris über die pfälzische Trasse Mannheim – Kaiserslautern – Saarbrücken im Juni 2007 ein Versprechen für eine noch bessere Zukunft.

Französische Erinnerungsorte in der Pfalz

Albersweiler – Kanal des Vauban

Als in Landau der französische Festungsbaumeister Marschall Vauban 1687 die Festung zu verwirklichen begann, musste er sich auch Gedanken machen, wie das Baumaterial herangeschafft werden könne. So entstand ein Transportkanal mit über 10 Kilometern Länge von Landau über Siebeldingen zu den Albersweiler Steinbrüchen, der vom Flüsschen Queich abgeleitet wurde. Auch Steine, die von den Burgen gebrochen wurden, konnten auf den eigens dafür konstruierten Flößen herbeigebracht werden. Im Bedarfsfall konnte man mit Hilfe des Kanals auch die Festung fluten. Es soll sich bei diesem Kanal um die älteste künstliche Wasseranlage Deutschlands handeln. Höchste Zeit, dass das historische Bauwerk 2006 unter Denkmalschutz gestellt wurde. Jetzt entschied sich die politische Gemeinde auch für eine anständige Sanierung, denn das zwei bis drei Meter schmale Gewässer wurde im Lauf der Zeit verengt, es versandete, wuchs mächtig zu und verschmutzte zusehends. Durch die beschlossenen Maßnahmen soll der kulturgeschichtlich so bedeutsame Wasserlauf wieder erlebbar gemacht werden. Dazu gehört auch, dass dieser „Canal de Landau“ zugänglich gemacht und die Randbereiche gestaltet werden.

Vielleicht die älteste künstliche Wasseranlage dieser Art in Deutschland: der zum Bau der Festung Landau benötigte Transportkanal

Bad Bergzabern – Schloss und Rathaus

Schon im August 1789 – also nur einen Monat nach dem Sturm auf die Bastille – gab es in Bergzabern einen Aufruhr mit der Besetzung des Rathauses, der sich gegen die Herrschaft Pfalz-Zweibrückens richtete. Am 6. November 1792 befreiten sich die Einwohner Bergzaberns vom Joch ihrer Feudalherren. Dabei sprachen sie sich mit Mitgliedern des Landauer Jakobinerclubs ab. Im Rathaus beschloss man die Loslösung von Zweibrücken und vom Reich. Der Wirt Adam Mayer wird Bürgermeister und gleichzeitig Regierungschef der Republik Bergzabern, die am 10. November – wiederum im Rathaus – gegründet wird. 13 umliegende Dörfer gehören dazu. Es ist dies noch vor Mainz die erste Republik auf rein deutschem Herrschaftsgebiet. Zweibrücken greift nicht ein. Die Liste derer, die auf die republikanische Verfassung geschworen haben, umfasst immerhin 273 Unterschriften. Das waren etwa vier Fünftel der abstimmungsberechtigten Bürger. Auch 31 Bürgerinnen machten von sich reden, als sie eine auf-

Im Bergzaberner Schloss (rechts) und im alten Rathaus (oben) spielte sich frühe deutsche Republikgeschichte ab.

müpfige Sonderadresse an die Obrigkeit richteten. Reden, die im alsbald gegründeten Jakobinerclub gehalten wurden, sind überliefert. Die Jakobiner tagen herrschaftlich im Schloss. Die Bergzaberner bitten um die Aufnahme in die französische Republik, was ihnen am 14. März 1793 vom Französischen Nationalkonvent gewährt wird. Die Behandlung im Pariser Konvent führt zu einem Dekret, welches besagt, dass Frankreich Völkern, die nach Freiheit streben, Hilfe leisten solle. Wie es also scheint, haben die Bergzaberner Vorgänge die Ausrichtung der künftigen französischen Außenpolitik beeinflusst. Doch das kuriose politische Gebilde in der Südpfalz wird schon im April 1793 von den herannahenden Reichstruppen bedroht. Maire Mayer und seine Gesinnungsgenossen fliehen ins Elsass. Erst 1795 können sie zurückkommen. Alte Jakobinerfamilien aus Bergzabern wie die Schülers und die Pistors spielen später bei den Freiheitsbewegungen im 19. Jahrhundert weiterhin eine tragende Rolle.

Bad Bergzabern – Gasthaus „Zum Engel“

Das Gasthaus „Zum Engel“ ist ein herausragendes Baudenkmal, oftmals als schönster Renaissancebau der Pfalz apostrophiert. 1556/79 als Adelshof errichtet, diente es als Verwaltungs- und Amtssitz des Oberamtes Bergzabern unter Zweibrücker Herrschaft. Am Vorabend der Französischen Revolution, die ja auch sehr früh über Bergzabern hinwegrollen sollte, wohnte die Gräfin von Bode in dem prächtigen Haus und ahnte angesichts der schon 1789 stattfindenden aufrührerischen Akte im Ort nichts Gutes für die Zukunft. Sie sprach als Erste von „Revolution“ und sie sollte Recht behalten. Der Umsturz erfolgte im November 1792. Straßenkämpfe mit

Der schönste erhaltene Renaissancebau der Pfalz verwandelte sich in der „Franzosenzeit“ vom feudalen Amtssitz in ein bürgerliches Gasthaus.

dem späteren ersten „Maire" Adam Mayer als Anführer sind in Erinnerung geblieben. Der feudale Sitz verwandelte sich ein Jahrzehnt später im Jahr 1802 in ein Gasthaus, nachdem die Besitzverhältnisse in Folge der Revolution neu geordnet worden waren.

Bad Gleisweiler – Gartenpavillon

In den Gartenanlagen des Kurparks von Bad Gleisweiler befindet sich ein klassizistischer Rundbau aus dem 18. Jahrhundert. Dieser Pavillon stand nicht immer hier, denn er stammt aus dem Garten der ehemaligen Brauerei Schneider in der Landauer Königstraße. Die Schneiders hatten ihn noch in französischer Zeit erworben. Erst 1906 wurde der Gartenpavillon aus Landau geholt und 1919 an seine heutige Stelle gebracht. Als Architekt wird der Festungsbaumeister François Xavier Gavillet genannt. Vorher hatte dieser „Sonnentempel" vorübergehend Georg Friedrich Dentzel gehört, dem bekannten Landauer Jakobiner, der ihn wiederum vom Bäcker und Jakobiner Georg Michael Treiber erworben hatte. Das war 1796 gewesen. Damals war der Pavillon zusammen mit dem Anwesen des emigrierten Barons von Rummerskirch zum Nationalgut erklärt und verkauft worden. Das in der Pfalz und darüber hinaus einmalige Bauwerk öffnet sich mit vier im Halbrund gestellten Säulen nach Süden, seine Dachbrüstung trägt wohlproportionierte Vasen. Ein mediterranes Motiv, besonders wenn man den Ausblick aufs Rebenmeer hinzunimmt!

Ein original französischer „Sonnentempel" aus der Revolutionszeit unterstreicht das südliche Ambiente des Kurorts.

Büchelberg

Zwischen Kandel und Lauterburg liegt mitten im Bienwald eine Gemeinde, die einmal für Franzosen gegründet wurde, deren französische Reminiszenzen aber heute verschwunden sind. Ludwig XIV. brauchte Ziegelbrenner, Holzhauer und Kalkbrenner zur Errichtung der Festung „Fort Louis" am Rhein gegenüber Karlsruhe, in der Nähe vom elsässischen Röschwoog. Dazu holte er um das Jahr 1692 Arbeiter samt deren Familien aus Frankreich. Die Arbeitskräfte kamen hauptsächlich aus der Picardie. Sie wurden überwiegend sesshaft und bauten allmählich den Ort Büchelberg aus. Das Walddorf entstand auf einer 318 Hektar großen freigehauenen Lichtung. Es bekam keinen französischen Namen, obwohl es ja damals auf französisch beherrschtem Gebiet entstanden ist. Vielmehr benannte man es nach dem Gemarkungsnamen, der von den dort auf Kalkböden stehenden Buchen herrührt. 150 Jahre später, also in der Mitte des 19. Jahrhunderts, hat der Pfalzbiograph und Dichter August Becker beobachtet, dass die Büchelberger als Holzhauer, Wilddiebe und Wildschützen ihr Auskommen fänden und sich sehr von anderen Dörflern unterschieden. Ihre Namen seien noch oft französisch und in ihrem nunmehr pfälzischen Dialekt schlage noch der französische Zungenschlag durch. Außerdem seien sie ein gefährliches

Büchelberg, ein französisches Rodungsdorf aus der Zeit des Sonnenkönigs, mitten im Bienwald

Völkchen und sie übten eine verwildernde Wirkung auf ihre Umgebung aus.

Heute, nach weiteren 150 Jahren, kann man das alles nicht mehr feststellen. Die Zeitläufe haben Armut, Abwanderung, Zerstörung, Wiederaufbau und eine Gebietsreform gebracht. Das im Zweiten Weltkrieg zu 90 Prozent zerstörte Büchelberg erfuhr die Leiden einer Grenzbevölkerung in jeder Beziehung. Es hat seine Selbständigkeit verloren und gehört heute zu Wörth. Die Namen, falls sie überhaupt noch von den damaligen Zuwanderern stammen, sind teilweise eingedeutscht worden. Holzfäller und Wilddiebe kann man in ihnen und bei ihren Ahnen nicht vermuten.

Schänzel bei Edenkoben

Das Schänzel ist der ortsübliche Name für ein Bergtableau westlich von Edenkoben im Pfälzerwald. Dort feierten die französischen Revolutionstruppen am 13. Juli 1794 den entscheidenden Durchbruch durch die Linien der preußisch-österreichischen Allianz gegen Frankreich. 6500 Franzosen erstürmten in wiederholten und wilden Angriffen die durch mächtige Schanzen – daher der Name Schänzel – gesicherte, strategisch wichtige Stellung der Preußen. Mit diesem Durchbruch nach monatelangem Stellungskrieg und mit weiteren Einnahmen von Gebirgsposten in Johanniskreuz und Trippstadt brach die Front der Alliierten zwischen Speyer und Trier. Ein Heer von rund 70 000 Soldaten musste sich auf der ganzen Linie bis hinter den Rhein zurückziehen. 1000 Preußen, darunter der die Verteidigung der besonders hart umkämpften seitlichen Schanze leitende General Pfau, ließen ihr Leben. Den Sieg hatten etwa 6500 anstürmende französische Volkstruppen gegen 4500 Preußen erkämpft. Militärhistoriker meinen, dass das Tirailleursystem, nämlich eine in geöffneter Ordnung und nicht in strengen Linien kämpfende Infanterie der Franzosen, der überlieferten Kampftechnik der Preußen überlegen gewesen sei. Aus französischer Sicht war nun die Verbindung der Mosel- mit der Rheinarmee hergestellt. Das lange umkämpfte linke Rheingebiet war Frankreich preisgegeben. Im Frieden von Basel (1795) und in der Abmachung von Campo Formio (1797) fiel es endgültig an die französische Republik.

Der Eroberung des Schänzel waren viele Scharmützel vorausgegangen, bei denen sich auf preußischer Seite der junge Kriegsheld Blücher durch wiederholte kecke Attacken hervorgetan hatte. Als er einmal eine französische Schwadron in die Flucht trieb, brannten die zurückweichenden Franzosen das ganze Dorf Edesheim nieder, das „village brûlé", das abgebrannte Dorf, wie es in den archivierten Militärakten heißt. Die Landbevölkerung hatte natürlich was überhaupt in diesem jahrelangen kriegerischen Hin und Her am meisten zu erleiden. Das ehemalige Schlachtfeld ist heute noch leicht zu erkennen. Die Schanzen wurden 1826 eingeebnet, sind aber in ihren Konturen noch zu sehen. 80 Jahre nach dem Ereignis erbaute man einen „Schänzelturm", einen 13 Meter hohen Aussichts- und Erinnerungsturm, um das Feld überblicken zu können. Der Aussichtsturm bietet heute keine Aussicht mehr, weil der Forst nachgewachsen ist. Es gibt jede Menge Gedenksteine mit eingeritzten militärischen Kennungen, noch im 20. Jahrhundert wurden „Rittersteine" gesetzt. Waldarbeiter sagen, dass der Boden auch heute noch mit Kanonenkugeln übersät sei. Im Stadtmuseum Edenkoben zeigt man ein Diorama mit dem nachgestellten Gefecht auf dem Schänzel.

Erinnert an eine der entscheidenden Schlachten zu Ende des Alten Reiches: der Schänzelturm

Edesheim – Schlösschen des Baron Holbach

Paul Thiry Baron d'Holbach ist einer der bedeutendsten französischen Philosophen nicht nur der Aufklärung, Mitbegründer des philosophischen Materialismus, einer der wichtigsten Kämpfer gegen Intoleranz und Obskurantismus und ein liberaler Freigeist ersten Ranges. Holbach wurde aber als Pfälzer Winzersohn in Edesheim geboren und getauft. Seine spätere Bedeutung war ihm nicht unbedingt in die Wiege gelegt worden. Diese stand in der Ludwigstraße. Erzogen wurde er hier von seinem Onkel, der in Frankreich durch Spekulationen mit Kolonialaktien steinreich geworden war und es mit dieser Grundlage in Wien zum erblichen Baron gebracht hatte. Der Onkel stellte den französischen Geistlichen François Bellemont als Erzieher an. Das mag im Kupperwolfschlösschen gewesen sein, dem Landsitz, den der reiche Onkel in Edesheim erbauen ließ. Der Ortsgeistliche traute dieser Erziehung nicht und meldete seinen Verdacht, dass nämlich hier jansenistisches, das heißt von der reinen katholischen Lehre abweichendes theologisches Gedankengut, aus Frankreich gelehrt würde, zum Bischof nach Speyer. Dieser, Kardinal Damian Hugo von Schönborn, ordnete eine Hausdurchsuchung an. Der französische Geistliche entzog sich durch Flucht ins nahe gelegene Frankreich, nach Landau. Die Erziehung wurde kurzerhand nach Paris verlegt. Eine antiklerikale Haltung Holbachs ist wegen dieser frühen Erlebnisse – Holbach war 7 oder 8 Jahre alt – allzu verständlich. Später studierte Holbach im holländischen Leyden Jura und Naturwissenschaften. Nach Paris zurückgekehrt wurde er französischer Staatsbürger, 1753, nach dem Tod des Onkels, erbte er dessen Titel und großes Vermögen. Der Onkel hatte ihn zwischenzeitlich adoptiert. Das Schlösschen in Edesheim wurde 1754 von den Halbschwestern Holbachs ausgerechnet an den Domscholar und Freiherrn Eltz-Üttingen verkauft. Holbach heiratete in Paris eine Adelige, übernahm von seinem Schwiegervater den Titel „Conseiller du Roi“ und gehörte damit auch dem französischen Adel an.

In Paris fand Holbach Anschluss an den Kreis von Wissenschaftlern und Intellektuellen um die Encyclopédie. Er lernte Denis Diderot näher kennen, dem er ein offenes Haus bot. Auch um die Bekanntschaft Rousseaus warb er, aber Rousseau widerstrebte die atheistische Grundhaltung Holbachs und bekannte seine Zurückhaltung mit den Worten: „Sie sind mir zu reich“. Dieser Reichtum, im Übrigen gut verwaltet, trug dazu bei, dass die Enzyklopädie überhaupt entstehen konnte. Holbach verfasste dazu selbst Artikel über Physik, Chemie und Mineralogie. 1780, bei Abschluss des großen Werkes, hat Holbach 427 mit Namen gekennzeichnete Beiträge dazu geliefert. Sein Anwesen Grandval westlich von Paris wurde zum Treffpunkt der philosophischen Geister, ebenso sein Stadthaus in der Rue des Moulins 10. Sonntags und donnerstags um 14 Uhr hielt man dort Salon mit 10 bis 20 Gästen, charmanter Gastgeberin und guter Küche. Es sind berühmte Namen unter den Gästen: d'Alembert, Helvetius, David Hume, Adam Smith, Laurence Sterne, Benjamin Franklin, der Schauspieler David Garrick. Holbach systematisierte seine Gedanken, meist veröffentlichte er unter Pseudonym, aus Sicherheitsgründen, denn er hatte natürlich Gegner bei der Staatsmacht und beim Klerus. Bis heute fällt es der Forschung daher schwer, seine Werke restlos zu identifizieren. Seine Religionskritik in „Le christianisme dévoilé" (1761) und sein 1770 erschienenes „Systeme de la nature" gehören zu seinen bekanntesten Veröffentlichungen. Der Kosmopolit Holbach wurde Mitglied der Akademien in Berlin, Mannheim und St. Petersburg. Er, der Pfälzer, hat nur französisch geschrieben. Er ist ein Wegbereiter der Französischen Revolution geworden, die er nicht mehr erlebt hat, denn er starb im Januar 1789. In Paris liegt er begraben. Wenn der Speyerer Bischof ihn damals unbehelligt gelassen hatte, wäre Holbach vielleicht ein deutscher Philosoph geworden.

Im sogenannten Kupperwolfschlösschen verbrachte der spätere Philosoph Holbach seine frühen Kindheitstage.

Frankenthal – Speyerer Tor

Das Speyerer Tor wurde 1773 nach kurzer Bauzeit vollendet. Es wurde unter Kurfürst Karl Theodor mit fünf weiteren Torbauten in der neuen Stadtbefestigung errichtet und ist das Werk des Hofarchitekten Nicolas de Pigage, der sich auch beim Schlossbau in Kirchheimbolanden und besonders in Schwetzingen hervorgetan hat. Es hat einen quadratischen Grundriss und in der Durchfahrtshalle ein Tonnengewölbe. Mit seinem Pendant, dem Wormser Tor sind nur noch zwei der einstmals vielen Tore erhalten. Baumeister aus Frankreich oder solche mit französischer Ausbildung prägten das Bild der vom Mannheimer Hof bestellten Architekturen des späten Barock und des frühen Klassizismus.

Frankenthal war neben Mannheim und Zweibrücken die dritte Residenz der Pfalz. Durch die frühe Ansiedlung von Glaubensflüchtlingen besonders aus Holland und aus Flandern wurde die Stadt betriebsames Zentrum von Manufakturen verschiedenster Art, von Kunsthandwerk und später auch von frühindustriellen Fabriken. Am bekanntesten wurde die Porzellanmanufaktur in der zweiten Hälfte des 18. Jahrhunderts. Eine besondere Tradition der Stadt sind die sozialen und philanthropischen Einrichtungen. Ein Philanthropicum wurde Ende des 18. Jahrhunderts von Madame L'Ecuyer geleitet, die aus der Welschschweiz stammte. Von der napoleonischen Verwaltung wurde ein Fürsorgehaus für die Armen eingerichtet. Möglicherweise waren darin auch Taubstumme und geistig Behinderte untergebracht. Diese Tradition wurde später vom bayerischen Kreistag und bis heute vom Bezirksverband Pfalz weitergeführt.

Der schöne Torbau des Nicolas de Pigage

Frankenthal – Porzellanmanufaktur

Von 1755 bis 1799 bestand in Frankenthal eine der bedeutendsten Porzellanmanufakturen Deutschlands. Ihr Begründer war der Straßburger Paul Hannong, der von seinem französischen König Ludwig XIV. keine Lizenz für ein solches Unternehmen bekommen hatte, weil man befürchtete, dass er der königlichen Manufaktur in Vincennes Konkurrenz hätte machen können. Bei Karl Theodor von der Pfalz gab es solche Einwände nicht. Im Gegenteil: Der das Porzellan liebende Kurfürst förderte die Ansiedlung von Hannongs „fabrique" in Frankenthal in einer leerstehenden Kaserne. Hannong kam mit Elsässer Arbeitskräften in die Pfalz, später holte er sogar welche aus Meissen. Nach seinem Tod gab es zwischen den Söhnen Erbstreitigkeiten mit dem Ergebnis, dass die Fabrik 1762 unter Wert an den Kurfürsten verkauft wurde. Einer der Söhne ging nach Hagenau ins Nordelsass zurück und produzierte dort Fayencen. Die Verbindungen zu Frankreich blieben eng, eine Verkaufsfiliale wurde 1759 in Straßburg eingerichtet, in Nancy 1776 ein Magazin. In den siebziger Jahren erreichte die Frankenthaler Porzellanproduktion ihre künstlerische Höhe und konkurrierte mit dem Bildhauer Konrad Linck als Modellmeister mit den besten Manufakturen. Doch 1795 spielten die Franzosen mit der Beschlagnahmung des Unternehmens wiederum Schicksal. In der Folge wurde es verpachtet und alsbald überhaupt geschlossen. Die relativ kurze Produktionszeit machte das Frankenthaler Porzellan zu einem überschaubaren und exquisiten Sammelgebiet. In Frankenthal selbst zeigt das Erkenbert-Museum eine kleine Kollektion.

Ein Prachtexemplar Frankenthaler Porzellans; damals wie heute wertvoll und hoch begehrt

Frankenthal – Veteranendenkmal im Parkfriedhof

Auf dem Frankenthaler Friedhof gibt es ein Veteranendenkmal der besonderen Art: Es ist ein Denkmal für die ehemaligen Soldaten der napoleonischen Kriege, die in Frankenthal und Umgebung ihren Lebensabend verbracht haben und dort gestorben sind. Als die großen Schlachten im Rückblick allmählich verblassten, erinnerten sich auch und gerade in der Pfalz die (meist mehr oder minder unfreiwilligen) hier sesshaft gewordenen Kriegsteilnehmer an ihre heroische Vergangenheit. Sie gründeten Veteranenvereine in den größeren Städten und Gemeinden und entwickelten dazu ein gewisses Brauchtum. Zu Jubiläen und Geburtstagen gab es gemeinsame Feiern mit Wort- und Musikbeiträgen. Man schwelgte in Erinnerungen. Die Frauen waren nicht ausgeschlossen, hatten sie doch während der Franzosenzeit ihre Vermählung mit einem heimgekehrten Veteran öffentlich bezuschusst bekommen und waren dabei zur „Rosenbraut" geworden. Der Frankenthaler Veteranenverein, 1837 gegründet, entfaltete von allen Bünden dieser Art in der Pfalz angeblich das regsamste Vereinsleben. 61 Mitglieder waren verzeichnet. Hier wirkten der Dichter und ehemalige napoleonische Capitaine Karl Geib, ebenso der Pfarrer Blaul mit Gelegenheitsgedichten. Die alten Krieger redeten sich in Briefen und wohl auch sonst mit „Lieber Franzos!" an. An Denkmäler dachten sie wohl erst, als sich ihre Reihen zu lichten begannen. Der erste der pfälzischen „Franzosensteine" – so nannte man hier diese Denkmäler – wurde 1834 in Kaiserslautern errichtet, das Frankenthaler Monument 1841. Das geschah also mitten in der königlich-bayerischen Epoche der Pfalz und gefiel in München wohl nicht durchweg. So suchte das bayerische Innenministerium den Namen Napoleons auf dem Denkmal zu unterdrücken. Spezielle Vorschriften wurden erlassen: die pfälzischen Denkmäler hatten dem bayerischen König, dem Vaterland und dann erst Napoleon zu huldigen. Überhaupt spiegeln diese Denkmäler eine merkwürdige Gemengelage. Der Napoleonkult, für den es neben den Denkmälern noch viele andere Zeugnisse gibt – erreichte just um 1840 seinen Höhepunkt, als die sogenannte „Rheinkrise" zwischen Frankreich und Deutschland zu einem recht abgekühlten Verhältnis geführt hatte. Gleichzeitig stand Napoleon nicht gerade für die aufkeimenden Freiheitshoffnungen des Vormärz, die in der Pfalz nach dem Hambacher Fest 1832 erst einmal sehr enttäuscht worden waren.

Die Veteranen focht das nicht an. Es gab sogar noch Neueintritte in späteren Jahren. Mit dem Besuch von Napoleon III. in der Pfalz im Jahre 1857 rückte man noch einmal stärker ins öffentliche Bewusstsein. Man möchte es fast nicht glauben, dass der letzte pfälzische Veteran, der dem großen Korsen noch gedient hatte, erst 1880 verstorben ist.

Das schönste der pfälzischen Napoleon-Veteranendenkmäler steht im Frankenthaler Parkfriedhof.

Das Hambacher Schloss

Das Hambacher Fest des Jahres 1832 ist das einzige Ereignis im 19. Jahrhundert in der Pfalz, das es in den Geschichtsbüchern über eine Randnotiz hinaus gebracht hat. Auch bildlich ist es präsent mit dem eindrucksvollen Zug von bald 30 000 Menschen, die damals im Mai zur Schlossruine hinaufpilgerten, um ihre Ideale von Freiheit, Gleichheit und nationaler Einheit, aber auch von europäischer Völkerbrüderschaft zu feiern. Es waren auch viele Franzosen da, vor allem aus dem Elsass. Es wehte ja auch wieder republikanischer französischer Geist in die Pfalz herüber. Denn das Fest, die erste demokratische Großveranstaltung auf deutschem Boden überhaupt, ist natürlich auch im Kontext der französischen Julirevolution von 1830 zu sehen. Und in den Kindern der alten republikanischen Familien der Pfalz war dieser Geist durchaus wach geblieben. Schüler, Savoye und Geib sind Namen aus diesem Umkreis. Diese drei bildeten jetzt ein provisorisches Komitee, um auf der Operationsbasis des neuen Deutschen Preß- und Vaterlandsvereins den führenden Köpfen von Hambach, den Publizisten Siebenpfeiffer und Wirth, zuarbeiten zu können. Diese erste demokratische Vereinigung Deutschlands hatte auch eine Filiale in Paris und dort traten ihr die berühmten deutschen Exilanten Heinrich Heine und Ludwig Börne bei. Börne kam sogar nach Hambach, Heidelberger Studenten huldigten ihm hier mit einem Fackelzug. Heine blieb in Paris. Dort soll ein Parallelfest zu Hambach gefeiert worden sein. Im Festzug sah man auch die französische Trikolore. Die gedruckten „Menschenrechte" aus dem Jakobinerjahr 1793 wurden verteilt. Unter den vielen Gesängen, die über die Weinberge und durch die Kastanienwälder hallten, vernahm man natürlich auch die Marseillaise. In seiner Begrüßungsrede sagte Philipp Jakob Siebenpfeiffer unter dem Jubel der Versammelten „Hoch leben die Franken!" und er meinte die Franzosen. Weniger freundlich waren die Bemerkungen Johann Georg August Wirths zur politischen Lage in Frankreich. Wirth lehnte explizit die Hilfe Frankreichs bei den deutschen Freiheitsbemühungen ab und er hätte beinahe die Straßburger „Société des amis du peuple", die „Volksfreunde" mit ihrem Delegationsleiter Lucien Rey zur vorzeitigen Abreise veranlasst, als er ausführte, dass unter entsprechenden nationalpolitischen Umständen die Deutschen gezwungen sein könnten, sich des Elsasses zu bemächtigen. Doch in der Folge überwog die Feststimmung mit der Rhetorik der Völkerverbrüderung. Es wurden auch keine Exemplare des Code civil wie noch

Stätte des ersten demokratischen Massenfestes auf deutschem Boden mit französischen Reminiszenzen: Das Hambacher Schloss

auf dem Wartburgfest 1817 verbrannt. In der Pfalz wusste man ja, was man am Code civil hatte. Und Freiheitsbäume wurden in manchen Ecken der Pfalz gepflanzt, im Unterschied zu den jakobinischen Zeiten jetzt ganz freiwillig und in der Absicht, die königlich-bayerische Herrschaft herauszufordern. Dass den Hauptakteuren des Festes der Prozess gemacht wurde und dass manche sich ins französische Exil gerettet haben, ist eine andere Geschichte. Heute ist das Hambacher Schloss eine Erinnerungsstätte der deutschen Demokratie, die sich besonders gut als Begegnungsort für europäische Inhalte eignet. Es liegt mit Landau als der anderen pfälzischen Station an der neu geschaffenen Themenstraße „Straße der Demokratie". Doch zu anderen Zeiten hatte dieser heute so idyllische Ort über dem pfälzischen Rebenmeer eine ganz andere Bedeutung.

Die Burg war im späten Mittelalter eine Residenz der Speyerer Bischöfe und deren mächtige Zwingburg. Zerstört wurde sie 1525 im Bauernkrieg, später nochmals von den Landsknechten des protestantischen Markgrafen Albrecht Alkibiades. Im Dreißigjährigen Krieg blieb das Schloss nicht verschont und 1688 waren es die Franzosen, die es in eine Ruine verwandelten. Wieder im bischöflich-speyerischen Besitz und hergerichtet, erlitt es auch im 18. Jahrhundert Angriffe, etwa durch die Kurpfalz. Als die Franzosen ihre Herrschaft in der Pfalz 1797 stabilisiert hatten, geriet Hambach in französischen Staatsbesitz. Nach der Franzosenzeit wurde es bayerisch, Ausflugsort der Neustädter und schließlich wurde eben 1832 dort auch die Demokratie gefeiert. 10 Jahre später war davon nicht mehr die Rede: da schenkten die Pfälzer dem bayerischen Kronprinzen und späteren König Max die Ruine. Später spielte man sogar einmal mit Plänen, die Maxburg zum bayerischen Königsschloss auszubauen. Für ein pfälzisches Neuschwanstein fehlten allerdings nicht nur die finanziellen Voraussetzungen. Mit einem Königsschloss hätte man sich dann allerdings schwerer getan mit der demokratischen Erinnerung in Hambach.

Hanhofen, Harthausen, Schwegenheim – Die Schlacht am Speyerbach

Es geht um Landau, das im Spanischen Erbfolgekrieg seine Besetzer öfter wechselte. 1703 waren es die Reichstruppen, welche die Festung beherrschten. Doch die Franzosen wollten Landau zurückgewinnen und belagerten es schon. Es war nicht ausgemacht, dass Einwohnerschaft und Militär standhalten könnten. Denn der Oberbefehlshaber der Franzosen war der Maréchal de France, Camille d'Hostin, duc de Tallard, ein Schlachtenlenker mit großer Pfalzerfahrung, hatte er doch schon bei der Verwüstung des Landes im Krieg zuvor mitgewirkt. Im Reich spürte man die Gefahr, Landau wieder zu verlieren und so wurde ein Hilfskorps mit niederländischen Truppen und solchen aus anderen Herrschaften unter dem Erbprinzen von Hessen-Kassel in die Pfalz geschickt. Die Heere wurden rechtsrheinisch vereinigt und bei Speyer zusammengeführt. Dem französischen Belagerer waren diese Truppenbewegungen nicht verborgen geblieben, er hatte in Paris ebenfalls um Verstärkung gebeten. Eine schnelle Truppe unter Generalleutnant Pracontal machte sich in gewaltigem Eilmarsch auf den Weg. Im Lager der Deutschen bei Speyer hatte man allerdings nicht damit gerechnet, dass die Entscheidung schon am 15. November fallen würde. Die Speyerbachlinie war zwar vorbereitet, doch die Generalität war in Speyer versammelt. Es heißt, man habe den Namenstag des Kaisers gefeiert.

Auf der Gegnerseite hatte sich der fintenreiche Tallard heimlich mit einem Großteil seiner Soldaten von Landau aus in Richtung Speyerbach aufgemacht. Dort traf er die aus Frankreich herbeieilenden Kampfgenossen, mit deren Ankunft die sorglosen deutschen Generäle zu einem solch frühen Zeitpunkt nicht gerechnet hatten. Sofort stürzten sich die Franzosen auf das überrumpelte kopflose Heer der Alliierten, das sich so gut es ging wehrte, aber nicht mehr zu einer geschlossenen Linie unter einheitlichem Kommando finden konnte. 6000 Tote und Gefangene beklagten die Deutschen und Niederländer nach dem Gemetzel, darunter einige Prominente wie den Generalmajor von Hochkirchen, dessen wertvolle Grabskulptur sich noch heute im Kölner Dom befindet, den Oberst Friedrich-Ludwig von Nassau Weilburg und auch Prinz Philipp von Homburg, den Sohn des Siegers von Fehrbellin und Kleistschen Dramenhelden. Auf französischer Seite fiel Pracontal mit 3000 Soldaten. Marschall Tallard verfolgte die Verlierer nicht, die über den Speyerbach nach Norden flohen und das Land dabei zusätzlich plünderten. In der Folge geriet die Festung Landau schnell in französische Hand. Seinem König Ludwig XIV. meldete Tallard im Siegestaumel, dass er mehr Geschütze und Standarten erobert hätte als Soldaten verloren. Voltaire bewunderte Jahre später, wie Tallard gegen alle Regeln der Kriegskunst die Deutschen vorgeführt hatte. Es darf allerdings nicht verschwiegen werden, dass des Kriegshelden Schlachtenglück nicht angehalten hat. Im Jahr darauf war er in der entscheidenden Auseinandersetzung bei Höchstädt an der Donau unter den Verlierern, was ihn über viele Jahre in englischen Gewahrsam brachte. Landau war in dieser Zeit kurzfristig wieder in deutscher Hand. An die vielen zum großen Teil unbeerdigten Toten auf den heutigen Gemarkungen von Hanhofen, Harthausen und Schwegenheim

Einige Sühnekreuze (hier bei Hanhofen) erinnern an fast 10 000 gefallene Soldaten.

dachte niemand mehr. Heute erinnern einige zeitgenössische Sühnekreuze an das blutige Geschehen.

Hornbach – Das ehemalige Kloster

In der äußersten südwestlichen Ecke der Pfalz liegt Hornbach mit seinem ehemaligen berühmten Kloster. Es war ein frühes Benediktinerkloster, um das Jahr 740 die letzte Klostergründung des aus Paris oder Irland stammenden Heiligen Pirmin. Der Wanderbischof im karolingischen Auftrag wurde durch seine Klostergründungen zum Kirchenpatron der Pfalz und besonders des Elsass. Dort gründete er die Klöster Marmoutier/Mauersmünster und Murbach. Gestorben ist er 753 in Hornbach wo auch seine Gedächtnisstätte mit (leerem) Grab zu besichtigen ist. Seine Gebeine wurden in der

Reformationszeit nach Tirol überführt. Bis ins 14. Jahrhundert strahlte das geistliche Zentrum Hornbach nach Oberlothringen und ins Elsass aus, doch nach der Reformation erlosch seine Kraft, 1557 wurde es aufgehoben. Das Klostervermögen floss in eine vom Zweibrücker Herzog Wolfgang alsbald gegründete protestantische Landesschule zur Vorbereitung von Schülern auf die Universität, die einmal Pfarrer und höhere Beamte werden sollten. Diese geistige „Pflanzstätte" haben auch manche Schüler aus der protestantischen Oberschicht von Metz besucht. Damit war es im Dreißigjährigen Krieg jedoch wieder vorbei. Die Schule wurde nach Zweibrücken verlegt.

Die restaurierte Klosterruine Hornbach: ehemals geistliches Zentrum mit Ausstrahlung ins Elsass und nach Oberlothringen

Heute ist die Klosterruine unter Aufsicht der Denkmalpflege aufwendig restauriert. Sie beherbergt neben der genannten Gedächtnisstätte ein „Hotel Kloster Hornbach" und ein „Historama", wo die Geschichte der Klosterstadt und des Pirmin dargestellt werden. Nach Frankreich führt grenzüberschreitend ein Mühlenradweg. Auch der Jakobspilgerweg macht hier Station und führt in einer nördlichen und südlichen Variante weiter gen Metz.

Ilbesheim – Napoleonsbank

Napoleonsbänke sind steinerne Ruhebänke an den Landstraßen des nördlichen Elsass und der südlichen Pfalz. Sie wurden auf Wunsch des Straßburger Präfekten anlässlich der Tauffeier von Napoleons lang erwartetem legitimen Sohn errichtet, dem König von Rom und späteren Herzog von Reichstadt. Dessen Taufe fand am 9. Juni 1811 statt. Bekanntlich gehörten zu dieser Zeit große Teile der Südpfalz zum Departement Bas-Rhin, also zum Niederelsass, das von Straßburg aus verwaltet wurde. Um dieses Datum herum entstanden schätzungsweise an die 200 dieser Kleindenkmäler, von denen heute allerdings nur noch wenige im Originalzustand erhalten sind. Zum einen sind diese bevorzugt aus Sandstein gefertigten Bänke Erinnerungsmale der besonderen Art, an idyllischen Plätzen entlang der Verkehrswege gelegen und von schattenspendenden Bäumen gesäumt. Zum anderen aber erfüllten sie einen ganz praktischen Zweck, denn sie dienten zur Rast auch den umherziehenden Händlern und Marktfrauen. Die konnten auf dem oberen Sturz der Bankkonstruktion ihre Waren aufstellen, ohne diese beim Weitertransport mühsam aufheben zu müssen. Als solche Ruhe- und Abstellbänke reihen sich die Napoleonsbänke in eine Tradition

Früher Ruhebank, heute idyllisch wirkendes Kleindenkmal vor schöner Landschaft

ein, die längst vor Napoleon bestanden hat. Die Napoleonsbank ist also eine regional und zeitlich verbreitete Sonderform einer Ruhebank. Im Elsass scheint der Name „banc Napoleon" sehr zügig Verbreitung gefunden zu haben, in der Pfalz erst mit einer gewissen Wiederbelebung zur Hochzeit von Napoleon III. im Jahre 1854. Ob Napoleon auf einer Napoleonsbank je Platz genommen hat, ist eher unwahrscheinlich, dass sich seine Soldaten darauf ausgeruht hätten, gehört wohl ebenfalls zu den Legenden, zu deren Bildung die merkwürdigen Sandsteingebilde aber durchaus einladen.

Ein schönes Exemplar mit Sturz und aus rotem Sandstein steht renoviert in Ilbesheim an der Straße nach Mörzheim. Seine moosüberwucherte und deshalb nicht mehr leserliche Inschrift ist in einem reizvollen, offenbar nur vom Gehör her erlernten Französisch eingraviert. Andere Beispiele findet man in Klingenmünster, Schweighofen und Wollmesheim. Heute entdeckt man den Reiz dieser Kleindenkmäler neu. Es wurden Nachbildungen geschaffen wie in Essingen, Kapsweyer oder Freckenfeld.

Kaiserslautern – Kaiserpfalz, Barbarossaburg

Was haben die französischen Nachbarn während ihrer vielen Besuche und Anwesenheiten an der pfälzischen Bausubstanz bewirkt? Bedauernd und sachlich sei festgestellt: sie haben viel mehr zerstört als aufgebaut. Hinterlassen haben sie fast nichts. Man muss die Spuren suchen, die Spuren der Zerstörung sind, so paradox dies klingt, die sichtbareren Zeugen dieser Geschichte. Die Zerstörungen konzentrieren sich auf vier kriegerische Ereignisse: auf den Dreißigjährigen Krieg, auf den Pfälzischen Erbfolgekrieg, auf den Spanischen Erbfolgekrieg und auf die Auseinandersetzungen in der Folge der Französischen Revolution. Aus den Ruinen wuchs zwar immer wieder und erstaunlich schnell neues Leben. Doch nicht immer. Die ehemals bedeutendste pfälzische Stadt links des Rheins, Speyer, wurde 1688/89 durch die Zerstörung der Franzosen ihrer reichsstädtischen Bedeutung und ihres baulichen Glanzes für immer beraubt. Speyer war hinfort kein Zentrum mehr und konnte es in der Folge auch nicht mehr werden. Bis heute konnte keine pfälzische Stadt die Rolle Speyers wirklich übernehmen. Die vielen Burgruinen waren spätestens in der Romantik schöner Dekor, heute sind sie zum Teil touristische Attraktion. Man kann auch gar nicht mehr so recht auseinander halten, wer sie zerstört hat, es waren ja nicht immer die

Gleich dreimal Ziel französischer Angriffe: die ehemalige Kaiserpfalz Barbarossas und Johann Casimirs Renaissanceschloss

Franzosen. Es gibt aber manches Schloss und manche Burg, die von ihnen mehrmals heimgesucht worden sind.

Dreimal erlitt das Schicksal französischer Zerstörung die Kaiserpfalz zu Kaiserslautern, die Barbarossaburg. Es ist ja auch fast nichts übrig geblieben von ihr – aber wegen der dreimaligen Heimsuchung in verschiedenen Epochen mag man sie als besonderen Erinnerungsort markieren. In der Nachbarschaft dieser ehemaligen Stauferburg aus dem 12. Jahrhundert fiel ja auch das von Pfalzgraf Johann Casimir um 1570 erbaute Renaissanceschloss der Kriegsfurie zum Opfer. 1688, also im unseligen Pfälzischen Erbfolgekrieg, wurde die Kaiserpfalz von den Franzosen stark beschädigt. Was darauf wieder zusammengeflickt war, wurde schon 15 Jahre später gründlicher hergenommen, nämlich in Brand gesetzt und gesprengt: 1703, als es den Franzosen um die spanische Erbfolge ging. Auf den Überresten entstand im 18. Jahrhundert ein Jagdschlösschen. Dieses wurde dann von den französischen Revolutionstruppen 1792 niedergebrannt. Da blieb dann nichts mehr von der ehemaligen Reichsherrlichkeit.

Kaiserslautern – Adlerapotheke

Der Adler über dem Eingang der gleichnamigen Apotheke ist kein deutscher, sondern ein napoleonischer, das Wappentier des französischen Kaiserreichs. Deshalb nannten die Lauterer diesen Vogel auch leicht abschätzig „Welschhinkel“, ein Ausdruck, mit dem die Heutigen wahrscheinlich nicht mehr allzu viel anfangen können, Welschhinkel also, etwas ungenau mit „französisches Huhn“ übersetzt. Es war Johann Goswin Müllinghoff, der das Haus 1809 als sein Wohnhaus und seine Apotheke erbaute. In einer französisch inspirierten Bauweise, versteht sich. Denn der Apotheker war der erste Kaiserslauterer Bürgermeister, besser „maire“ nach der neuen Kommunalordnung im Departement Mont Tonnerre. Zwischen 1800 und 1811 bekleidete er dieses Amt. Es bedurfte immerhin einer gewissen Chuzpe Müllinghoffs, um den Bau der Apotheke zu bewerkstelligen. Denn erst einmal musste die alte, allerdings ruinöse und ungenutzte Richardiskapelle an dieser Stelle abgerissen werden. Und zweitens hätte sich die Investition vielleicht nicht gelohnt, wenn die Pläne einer Umfahrung der Innenstadt Wirklichkeit geworden wären, Pläne wie sie ja durchaus bestanden. In diesem Fall hätte der Apothekerbürgermeister sicherlich auf einen Teil der Kundschaft verzichten müssen. Doch die französischen Verkehrspläne einer Trassierung der Kaiserstraße durch die gemeinsame Erfassung der Fackel- und Marktgasse, Pläne, die schon seit 1801 in der Schublade lagen, kamen ihm gerade recht. Als Napoleon 1804 nach Kaiserslautern kam – um sich das

Der napoleonische Adler am 1809 erbauten Haus des Apothekers und „Maire“ Müllinghoff

ehemalige Schlachtfeld zu Morlautern zeigen zu lassen – ergriff Müllinghoff die Gelegenheit beim Schopfe, legte Napoleon die Lage dar und erreichte, dass der Durchbruch der Kaiserstraße geradewegs durch das Zentrum die Billigung des Korsen fand. Maire Müllinghoff konnte nun in sicherer Erwartung, dass seine Apotheke an zentraler Stelle liegen würde, den Bau hochziehen und aus Dankbarkeit ein „Welschhinkel“ über zwei klassizistischen Säulen und unter dem Dreiecksgiebel anbringen lassen.

Kirchheimbolanden – Schloss

In Kirchheimbolanden, das im alten Reich zur Herrschaft der Fürsten von Nassau-Weilburg gehörte, bauten diese 1738 – 1740 eine kleine Residenz im modernen, das heißt damals im barocken Stil französisch inspirierter Machart. Architekt war der Franzose Guillaume d’Hauberat, der auch schon bei den Bauaufgaben des Mannheimer und des Schwetzinger Schlosses mitgewirkt hatte. Der Schlossbau reiht sich aus kunsthistorischer Sicht in die gelungensten Schöpfungen dieser Art in der Pfalz ein. Doch davon ist heute nur noch wenig zu spüren, da sein späteres Schicksal dem Erhalt des Baues samt der Gartenanlage nicht günstig waren. Die Französische Revolution beendete 1793 die alte Herrschaft und damit die Funktion des Schlosses als Fürstenresidenz. 1807 wurden Schloss und Park zum französischen Nationalgut erklärt und versteigert. Die Trasse, der von Napoleon eingeführten Kaiserstraße zwischen Paris und dem Departement-Hauptort Mainz, wurde haarscharf an der Parkmauer vorbeigeführt. Angeblich verhinderte die Bitte der Kaisergattin, dass die „Pariser Chaussee“ geradewegs durch den Park geführt wurde. Marschall Kellermann, der Berater Napoleons, formulierte dabei eine Petition. Ein Gutsbesitzer und Textilfabrikant kam in den Besitz des Schlosses, hatte aber offensichtlich keinen Sinn für den Erhalt des ehemaligen Baujuwels. Er ließ nur den rechten Flügel der Anlage stehen, um selbst darin zu wohnen, den linken Flügel und den Mittelbau riss er ab. Es gab dann noch einen sehr prominenten Besitzer, nämlich Stararchitekt Leo von Klenze, der für seinen König Ludwig I. ja auch in der Pfalz tätig war. Klenze kaufte das Schloss im Jahr 1839, verkaufte es aber zwei Jahre später schon wieder. Während der badisch-pfälzischen Revolution 1848/49 war das ehemalige Schloss das Hauptquartier der Freischärler, von denen 17 im Gefecht mit den Preußen dort den Tod fanden. Mit Hilfe der Denkmalpfle-

Einst vornehme französische Schlossarchitektur, heute Altersresidenz

ge hat man im Jahr 2003 versucht, die Konturen der alten 3-Flügel-Anlage wieder sichtbar zu machen. An Ort und Stelle steht heute eine Seniorenresidenz. Pläne zur Wiederherstellung des alten Terrassengartens sind vorhanden.

Ehe die Revolutionäre und Napoleon kamen, war übrigens der 22-jährige Mozart mit seiner Angebeteten, der Mannheimer Sängerin Aloisia Weber, zu Gast bei den Fürsten und spielte auf der noch heute existierenden Orgel in der Kirche St. Paul vor, der ehemaligen Schlosskirche mit ihrer Fürstenloge.

Remigiusberg bei Kusel

Der Heilige Remigius, französisch St. Rémi, steht am Anfang dieser Geschichte. In Reims, wo er Bischof war, bekehrte er bekanntlich den Frankenkönig Chlodwig zum christlichen Glauben. Reims wie Rémi! Von Frankreich und von diesem Heiligen kommt der Name dieses Ländchens, Remigiusland am mittleren Glan, bei Kusel und Altenglan. Es handelt sich um einen Landstrich mit etwa 220 Quadratkilometern Fläche, ohne genau definierbare Grenzen. Diese sind durch die Zeiten verwischt und nur noch ein Thema der Heimatforschung. Die Pfälzer nannten das Gebiet Remigsland oder gar Regisland. Die Annahme, dass es der glamouröse Chlodwig war, der dem Reimser Bischof Remigius das Land fernab am Glan als Dank für seine Bekehrung geschenkt habe, ist eher Legende. Geschenkt hat es

erst der merowingische König Childebert II., sagt die neuere Forschung. Ein Datum ist nicht auszumachen, es muss zwischen 575 und 590 gewesen sein. Also immer noch in grauer Vorzeit. Das Stückchen pfälzische Erde gehörte also dem Bistum Reims als Fernbesitz. Und bei dem blieb es bis ins späte Mittelalter hinein.
Der Remigiusberg bei Haschbach ist auch heute noch das unbestrittene Wahrzeichen im Remigiusland. Auf ihm thronen die Reste des ehemaligen Benediktinerklosters St. Remigii, ein früher bedeutsamer Kirchenbau, eine dreischiffige und flach gedeckte Basilika der romanischen Epoche einst-mals, doch erhalten ist nur das Mittelschiff. Nicht der Bischof von Reims

Der das Land beherrschende Remigiusberg mit den Resten des ehemaligen baulich hochbedeutsamen Benediktinerklosters

hat das Kloster erbaut, sondern die Ordensbrüder, die Benediktiner von St. Rémi aus dem Bistum Reims haben es errichtet, denn die Verwaltung des fernen Besitzes war dem Bischof mit zu vielen Schwierigkeiten verbunden. Besonders nach der Reichsteilung von Verdun 843 war das ein Handeln über Grenzen hinweg. Die Bischöfe mussten sich ihren Besitz Remigiusland immer wieder von Kaiser, Papst oder Fürsten bestätigen lassen. So wurden schließlich Vögte eingesetzt, die das Gut schützen sollten. Die Mönche hatten mit ihrer Klostergründung allerdings ihre liebe Not. Herren und Raubritter vor Ort gefährdeten das Vorhaben, bauten dreist eine Burg bei oder in der Nähe des vorgesehenen Kloster-Bauplatzes. Es gelang den Ordensleuten dann die bedrohliche Raubritterburg zu erwerben und niederzureißen. Geistliches Leben im Kloster und die Verwaltung der französischen Exklave durch die Schutzvögte war das System der nächsten Jahrhunderte. In der Reformationszeit war die Umgebung protestantisch geworden, einschließlich der schützenden Veldenzer Grafen. Selbst diese betrieben dann die Auflösung des Klosters. Und sie kauften das Land. So endete die Propstei Remigiusberg im Jahre 1550.

Ansprüche erhob Frankreich entsprechend den Verträgen zum Westfälischen Frieden nach dem Dreißigjährigen Krieg. 1794 zerstörten die Sansculotten die Propsteikirche, also die ehemalige Klosterkirche. Deren Mittelschiff durfte stehen bleiben, da die Bevölkerung heftig darum gebeten hatte. Etwas später wurden die Liegenschaften parzelliert und versteigert. So ist Remigiusland heute nur noch ein rein geographischer Begriff und die Erinnerung an seine fränkische und französische Vergangenheit selbst den Einwohnern kaum mehr bewusst.

Lambrecht – Wallonenstraße

Nach Frankenthal und Otterberg ist Lambrecht die dritte bedeutende Gemeinde der Wallonenansiedlung in der Pfalz. Von Kurfürst Friedrich III. wurde den Religionsflüchtlingen 1568 das zuvor aufgelassene ehemalige Dominikanerkloster überlassen. Die Lambrechter Wallonen betrieben vorwiegend das Tuchmachergewerbe, dessen hohe Leistungsansprüche sie hierher gebracht hatten. Ihre Tüchtigkeit wurde in der Folge von den Kurfürsten privilegiert und führte die Neubürger bald zu beträchtlichem Wohlstand, der trotz dem ständigen Auf und Ab in der Geschichte über Jahrhunderte der Gemeinde zu Gute kam. In der Wal-

Das prächtig renovierte ehemalige Zunfthaus der wallonischen Tuchmacher, heute Rathaus

lonenstraße 11 zeugt das ehemalige Zunfthaus der Tuchmacher aus dem Jahr 1607/08 von diesem Umstand. Im Wesentlichen ist das Baujuwel über die Zeiten erhalten geblieben. Es wurde in den letzten Jahren gründlich renoviert und dient heute als Rathaus.

Landau – Rathausplatz (Paradeplatz)

Der Landauer Rathausplatz ist in seiner jetzigen Größe eine Schöpfung der Franzosen. Denn er wurde 1689 – im schrecklichsten Jahr der Pfalz – als Waffen- und Paradeplatz der von Vauban geplanten und zu errichtenden „stärksten Festung der Christenheit" angelegt. Dem „Place d'armes" musste allerhand verwinkelte Bausubstanz der damals noch mittelalterlich strukturierten Stadt weichen.

Bereits seit 1680 lag eine französische Garnison in der Stadt. Landau gehörte zwar staatsvertraglich noch zum Reich, wurde jedoch längst französisch dominiert und endgültig 1697 als französisch anerkannt. Die Errichtung der Festung samt Paradeplatz geschah während des Pfälzischen Erbfolgekriegs zwischen 1688 und 1691. Der Platz war wie bei den meisten der von Vauban entworfenen weit über 100 Grenzbefestigungen Mittelpunkt der Anlage und alsbald fertig. Eine zivile Nutzung, zum Beispiel als Marktplatz, war erst einmal nicht erlaubt. Im durchgehend französischen 18. Jahrhundert Landaus – mit nur ganz kurzer Unterbrechung im Spanischen Erbfolgekrieg, als die Festung von Reichstruppen besetzt wurde – bot der Platz ein militärisches Bild. Es entwickelte sich auch in der Bebauung wenig Ziviles. Landau war mit Pariser Augen gesehen schließlich die wichtigste Grenzfestung zum Reich hin und von daher Ausdruck rein militärischen Kalküls. Als die Französische Revolution in Landau ankam, blieb die Stadt trotz heftiger Belagerung durch die Alliierten französisch, wurde der Platz 1794 zur „Place de l`Egalité", zum „Platz der Gleichheit", umbenannt. Die Jakobiner errichteten dort eine Freiheitssäule, auf der die Freiheitsgöttin mit Lanze und Jakobinermütze montiert war. Von den Landauern wurde das politische Symbol „Jaköbel" genannt. 1823, also in bayerischer Zeit, wurden dessen Steine unter dem Neuen Rathaus vergraben. Ein Steinwurf neben der Säule war 1794 zwei Monate lang auch eine Guillotine aufgestellt, doch scheint hier nie jemand guillotiniert worden zu sein.

Als die Franzosenzeit in Landau zu Ende war, wurde der Platz 1816

Paradeplatz benannt, 1824 gut bayerisch Max-Joseph-Platz. Den Platz ziert seit 1892 ein Reiterstandbild des bayerischen Prinzregenten Luitpold. 1933 wurden auf dem Platz durch die Nationalsozialisten Bücher verbrannt. Heute heißt er Rathausplatz und nirgends findet man hier eine erklärende Erinnerung an die Franzosen.

Früher französischer Exerzierplatz, heute Landaus ziviles Zentrum

Landau – Französisches Tor und Deutsches Tor

Die beiden Tore sind im Wesentlichen alles, was von der einstmals beinahe „stärksten Festung der Christenheit" geblieben ist. Beteiligt am Bau der Festung waren Frankreichs Sonnenkönig Ludwig XIV. als Auftraggeber, sein Kriegsminister Louvois und der geniale Festungsbaumeister Vauban. Louvois legte 1688 den Grundstein, Vauban hatte den Platz sondiert, geplant und anfänglich die Bauaufsicht geführt, ehe er diese an Ingenieuroberst Tarade weitergegeben hatte. Da die Festung mitten in Kriegszeiten entstand, musste der Fortgang ihrer Errichtung militärisch gesichert werden.

Es entstand ein imposantes Werk, eine Sternfestung, deren Gesamtanlage im Grundriss wie ein 16-Eck aussieht mit allen Finessen damals innovativer Festungsbaukunst: die beiden Haupttore, durch die ausschließlich die Festung zu betreten oder zu verlassen war, Bastionen, Fluchttore, Zitadelle, Vorwerke, ein System zur kontrollierten Überschwemmung. Die alte Befestigung Landaus wurde fast komplett beseitigt. Das organisch gewachsene Gewirr von Straßen und Sackgassen, das die rationalen Baumeister vorfanden, wurde durch Brand beseitigt. Man brauchte gerade Straßen und einen Exerzierplatz. Der erste Bauabschnitt dauerte bis 1691, eine Erweiterung mit einem Fort geschah 1702. 10.000 Arbeiter haben beim Bau geschuftet, manche kamen wegen der Steuerfreiheit aus dem Inneren Frankreichs und ließen sich auf Dauer in der Stadt nieder.

Das Deutsche Tor

Die beiden Haupttore waren das Nadelöhr zur Festung. Das Französische Tor führt in südliche Richtung, also nach Frankreich, das Deutsche Tor weist gegen Norden, also nach Deutschland – alles sonnenklar. Goethes Dichterfreund Lenz hat bemerkt, dass die beiden Tore „das Schlüsselloch Frankreichs“ seien. Auf ihrer äußeren Schauseite prangt das Sonnenantlitz des „Roi soleil“ mit der stolzen Inschrift „Nec pluribus impar“, mit deren Übersetzung die Pfälzer sich immer etwas schwer taten: „So stark wie mehrere“ oder „Allen gewachsen“. Aufgehoben wurde die Festung erst 1871 nach

Das Französische Tor

Gründung des Deutschen Reiches. Dies war aber kein gegen Frankreich gerichteter Akt, sondern eine zeitgemäße städtebauliche und verkehrstechnische Notwendigkeit. Das Giebelfeld am Deutschen Tor mit seinen bourbonischen Symbolen wurde in bayerischer Zeit unter König Ludwig II. 1874 beseitigt, nach Neuschwanstein gebracht und durch ein bayerisches Wappen ersetzt, 1903/04 aber wieder restituiert. Einer einstmals in Landau verbreiteten Meinung, dass nämlich das Antlitz des Sonnenkönigs auf französischer Seite heiter, auf deutscher aber grimmig geblickt habe, will man heute keinen Glauben mehr schenken.

Landau – Stiftskirche und ehemalige Augustinerkirche

Die bedeutendste Landauer Kirche, die das Stadtbild prägende spätgotische Stiftskirche, trägt wie kaum ein anderer baulicher Zeuge die Narben der Stadtgeschichte, von Religionskämpfen, Belagerungen, Beschießungen, Bombardierungen und Schändungen. Gleichwohl ist sie auch ein Ort friedlichen Nebeneinanders der Religionen und nicht zuletzt ein Ort freiheitlicher Reden gewesen. Sie war nach der Französischen Revolution Versammlungsstätte der militärischen Gesellschaft des Landauer Jakobinerclubs. Die Revolutionäre hatten kurz vorher das Stift mit den letzten wenigen Chorherren aufgelöst. An der Kirchenwand befand sich eine Reihe von Grabdenkmälern hochgestellter Franzosen, wie etwa das 6 Meter hohe Epitaph des Generals Monclar aus der Zeit des Festungsbaues. (Heute in der Nähe des Französischen Tors aufgestellt). Schändliches soll bei der Profanierung durch die Revolutionäre geschehen sein: ein General Delmas habe sogar sein Wasser in den Taufstein abgeschlagen. Revolutionäres Raubgut, ein spätgotisches schmiedeeisernes Geländer, umgürtet das obere Geschoss des Turmes der Stiftskirche. Im sogenannten Plünderwinter 1793/94 hatten es die Greifkommissare aus der Neustadter Stiftskirche geholt. Es passte genau in Landau! Ja – und dann wurden den Heiligenfiguren am Westportal die Köpfe abgeschlagen. Das heute sichtbarste Zeugnis des französischen Landau sind diese abgeschlagenen Köpfe, sagt bedauernd und etwas zugespitzt der Landauer Historiker Michael Martin.

Versöhnlicher klingt die Geschichte von der anderen großen Landauer Kirche, der ehemaligen Augustinerkirche. Die wurde während der Revolution natürlich ebenfalls profaniert. Sie bekam als sichtbares Zeichen dafür eine Jakobinermütze in der Form eines Dachreiters aufgesetzt. Dieses Emblem antiabsolutistischer Herrschaft überdauerte die Franzosenzeit beträchtlich. Es wurde sogar einmal repariert, als es in bayerischer Zeit zu zerfallen drohte. König Ludwig I. von Bayern soll sich nicht daran gestört haben. Der Speyerer Dichter Martin Greif betitelte seine Landauer Erinnerungen aus den fünfziger Jahren des 19. Jh. „Unter der Jakobinermütze" und meint, dass die Mütze mittlerweile das Landauer Wahrzeichen geworden sei. August Becker beschrieb Mitte der 1850er Jahre dieses merkwürdige Landauer Inventar in seinem Pfalzbuch. Und Napoleon III. hat sich bei seinem 1857 erfolgten Landau-Besuch über die immer noch erhaltene Jakobinermütze wohl doch sehr gewundert.

Beide Kirchen waren Lokale der Landauer Jakobiner. In der Vorhalle der Stiftskirche schlugen die Revolutionäre den Heiligenfiguren die Köpfe ab.

Landau – Böckingsches Palais

Das Böckingsche Palais an der Ecke Marktstraße/Rathausplatz ist heute das architektonisch herausragende Patrizierhaus aus der französischen Epoche Landaus. Es ist ein großzügiger Bau mit reicher frühklassizistischer Fassadengliederung. Sein Bauherr war 1790 der aus Rhodt stammende Handelsherr Johann Michael Soehne, der später als Bankier in Paris zu Reichtum gekommen ist. Das Palais ist auch typisch für die architektonische Erneuerung der Festungsstadt durch französische Baumeister. Sie bauten großzügig, das heißt mit hohen Stockwerken, großen Fenstern, mit Betonung des Stiegenhauses und oft mit Mansardendächern. Als Stil prägten Louis-Quince und Louis-Seize die Innenausstattung. Heute noch zu bewundern sind im ehemaligen Speisezimmer im Obergeschoss des Böckingschen Hauses wunderschöne Supraporten. Diese dekorativen Felder über dem Türsturz sind wohl die schönsten künstlerischen Zeugnisse aus der Landauer Franzosenzeit. Übrigens ist der später in Paris so bekannt gewordene Sprachgelehrte und Kulturpolitiker Michel Bréal in diesem Haus geboren. Leider ist von vergleichbaren Wohnbauten generell wenig erhalten. Die meisten stehen noch in der Martin-Luther-Straße. Von französischen Architekten sind wenige Namen überliefert, aus der Festungszeit Tarade, später der bekannte de Frézier und Gavillet. Der viel später nach Gleisweiler verbrachte Pavillon des Sonnentempels ist als besonderes Zeugnis dieser Zeit ebenfalls der Landauer Architektur zuzurechnen. So auch ein Schlösschen in Rhodt an der Weinstraße. Der letzte erhaltene Kasernenbau aus der Festungszeit der Stadt ist die „Rote Kaserne" aus den Jahren 1756 – 1759, auch diese das Geburtshaus eines berühmt Gewordenen, nämlich von Thomas Nast, der in Amerika als politischer Zeichner und Karikaturist in der zweiten Hälfte des 19. Jahrhunderts stilprägend gewirkt hat. Das ehemalige Militärspital aus dem Jahr 1732, das mit einer von de Frézier entworfenen zweigeschossigen Rundkapelle ein architektonisches Kleinod enthielt, ist noch 1964 – heute erscheint uns das vollkommen unverständlich – abgetragen worden.

Ein schönes Beispiel französischen Bauens in Landau: Das Palais ist Geburtshaus von Michel Bréal, dem Franzosen, der den Marathonlauf der modernen olympischen Spiele erfand.

Landau – Neustadter Straße 1 (Bäckerei Julier)

Das Wandgemälde eines unbekannten Malers zeigt eine Szene aus dem französischen Landau des Jahres 1793. Im Mittelpunkt steht da Mademoiselle Marion Carré, eine junge Frau, Tochter eines Landauer Bürgers. Sie spricht deutsch wie französisch, hat ein angenehmes Äußeres. Dazu wird sie in der einzigen Geschichtsquelle auch als sehr liebenswürdig und beredsam geschildert. All dies prädestiniert sie geradezu, während einer sehr angespannten, ja kritischen Situation der Landauer Geschichte zur Heldin aufzusteigen. Denn mit ihrem einnehmenden Wesen und mit überzeugender Rede verhinderte sie, dass Unheil über viele Menschen hereinbrach. Der französische Volksrepräsentant hatte nämlich verfügt, dass bei der anhaltenden Belagerungssituation 1793 durch die Preußen und Österreicher ein Teil der innerhalb der Festung lebenden Bevölkerung erbarmungslos ausgewiesen werden sollte, einfach abgeschoben und einem ungewissen Schicksal überlassen. Alle nicht Waffenfähigen und solche, die sich nicht ein halbes Jahr lang selbst ernähren könnten, müssten dies erleiden, wurde beschieden. Betroffen war hauptsächlich der deutschsprachige Teil Landaus. Fräulein Carré hat diese schlimme Verfügung wenigstens zum Teil vereitelt. Sie hat die Soldatenherzen erweichen können und dadurch Leben gerettet. So berichtet zumindest Johannes Birnbaum, der 1795 in Landau Friedensrichter und später sogar Präfekt in Luxemburg war. Wir wollen

Ein Historienbild im Verborgenen: Marion Carré rettet 1793 viele Landauer durch ihre Fürsprache

Marion Carré gerne zu den wenigen heroischen Frauengestalten der pfälzisch-französischen Geschichte zählen.

Bildliche Darstellungen mit Inhalten der Franzosenzeit befinden sich auch im Landauer Rathaus. So von Adolf Kessler eine Szene aus der Bauzeit der Festung und – wesentlich interessanter – das monumentale Ölbild „Die Parteigänger" des Historienmalers Carl Wendling, das pfälzische Jakobiner bei ihren Diskussionen zeigt. Das um 1910, also am Höhepunkt des Wilhelminismus gemalte Werk, ist eine überraschende Huldigung an die Republik. Landau dürfte die einzige Stadt in der Pfalz sein, die solch repräsentative Bilder aus der Franzosenzeit vorzeigen kann.

Landau – ehemalige Wohngebiete der Garnison

Als das französische Militär Landau 1999 endgültig verließ, standen da plötzlich ungefähr 100 Hektar bebauter Fläche leer, Kasernen, Lager und Wohngebiete. Bis zu 6000 Franzosen hatten hier gewohnt. Landau war eine der größten Garnisonen Frankreichs in Deutschland und vielleicht die beliebteste überhaupt. Es gab alte Quartiere inmitten der Stadt und es gab neue Gebiete, „Cités de France" wie in Speyer und Neustadt, mehr am Stadtrand. Es gab Schulen, Kindergärten und Kinos. Die Quartiere hießen – und heißen noch – Chopin, Mangin, Monclar, Foch, Ile de France usw. Die verlassenen Räume stellten und stellen die Stadt Landau vor grundsätzliche Entscheidungen zur Stadtentwicklung und ihrer neuen Nutzung. Das Thema heißt „Konversion" und es hat in Landau ganz besonderes Gewicht.

Landau, ehemalige Wohngebiete der Garnison

Die Aufgabe, ehemals sehr disparate leere beziehungsweise brachliegende Räume in den Stadtorganismus integrieren zu müssen, bietet andererseits auch große Chancen zur Revitalisierung ganzer Stadtviertel und zu neuer ästhetischer Gestaltung. Die Erinnerung an die französische Zeit sollte dabei nicht verloren gehen.

Lingenfeld – Franzosendenkmal

In Höhe des Stromkilometers 387 des Rheins steht im Lingenfelder „Unterwald" ein Gedenkstein, der an die Opfer der Rheinüberquerung französischer Truppen zu Ende des Zweiten Weltkriegs erinnert. Das Denkmal wird nicht nur von Lingenfelder Spaziergängern aufgesucht, sondern auch von französischen Veteranen. Es steht unter dem besonderen Schutz der nationalen militärischen Denkmalbehörde in Paris, ist gleichsam exterritorial wie etwa das Ehrenmal an der Donau bei Neuburg, wo man den französischen Kriegshelden Latour d'Auvergne ehrt.

Was war damals geschehen? Die deutschen Rückzugstruppen hatten am 23. und 24. März 1945 die Rheinbrücken von Speyer und Germersheim gesprengt und sich auf der rechten Rheinseite festgesetzt. Die amerikanischen Soldaten hatten Speyer bereits eingenommen, die erste französische Armee wurde vom Oberbefehlshaber der Gesamtarmee, General de Gaulle, angewiesen aktiv zu werden, den Rhein zu überschreiten – und sei es mit Ruderbooten. Die Amerikaner erlaubten in der Folge einer Division aus algerischen und marokkanischen Kolonialsoldaten die Passage. Am 31. März überquerten die Maghrebinier südlich von Speyer den Rhein und bildeten einen ersten Brückenkopf. Daran erinnert auch eine Gedenktafel am „Neuen Hafen" in Speyer. Am Mechtersheimer und am Lingenfelder Altrhein sollten nun weitere Rheinquerungen erfolgen. Französische Artillerie nahm zur Sicherung des Vorfeldes in der Nacht vom 30. auf den 31. März die rechte Rheinseite vor dem badischen Rheinsheim vom Lingenfelder Hochufer aus unter Dauerbeschuss. Dabei wurden zwar große Teile des Dorfes zerstört und es gab Todesopfer und Zivilisten, die Abwehr der SS- und Gebirgsjägereinheiten aber war dadurch nicht entscheidend geschwächt. So geschah, was kommen musste: die Pulks von acht bis zehn Booten mit je 12 Mann Besatzung waren bei der Überquerung des Flusses den Maschinengewehrsalven der Deutschen ausgesetzt, nur wenige Boote kamen auf der anderen Rheinseite an. Das Fiasko wiederholte sich auch bei dem Versuch, von Mechtersheim aus das gegenüberliegende Ufer zu erreichen. Über 200 französische Militärangehörige sollen bei dieser Aktion getötet oder verwundet worden sein.

Ein Denkmal erinnert in Höhe von Stromkilometer 387 am Rhein an heute unsinnig erscheinende Kriegshandlungen zu Ende des 2. Weltkriegs.

Ludwigswinkel – Ehemaliger französischer Truppenübungsplatz und Wasgenwaldbahn

1921 erreichte die französische Besatzungsmacht im Rahmen des Versailler Vertrags die Errichtung eines französischen Truppenübungsplatzes zwischen Ludwigswinkel und Eppenbrunn. Damit verbunden war ein Lager mit nicht weniger als 190 Bauten, die meisten davon Holzbaracken für Rekruten, die hauptsächlich aus Algerien und Marokko stammten. Dazu kam eine neue, mehr als 14 Kilometer lange Bahnlinie, welche die militärischen Transporte bei Bundenthal an das pfälzische Schienennetz anzuschließen hatte. Schießplatz, Lager und Bahnlinie wurden in kürzester Zeit mit Hilfe von vielen Arbeitern aus ganz Süddeutschland hochgezogen, schon 1922 waren die Anlagen fertig. 3000 Hektar Waldfläche mussten dafür geopfert werden. Und dann konnte der grenzüberschreitende Schützendonner so richtig losgehen. Denn Ludwigswinkel stellte eine Art Verlängerung des französischen Truppenübungsplatzes Bitsch dar. Die Wasgenwaldbahn, deren Errichtung das Reich drei Millionen Mark kostete, wurde aus Spargründen nur eine Schmalspur und aus Renditegründen wurde das „Bähnel" bald auch für den zivilen Personenverkehr geöffnet. In 58 Minuten ruckelte es von Ludwigswinkel über Fischbach, Schönau, Nothweiler, Niederschlettenbach nach Bundenthal und umgekehrt. Von der großen Soldatenstadt mitten im Wald erzählten die Alten noch in den achtziger Jahren den beinahe ungläubig zuhörenden Jungen. Vielleicht erzählten sie auch von „unsittlichen Ausschreitungen" der farbigen Franzosen, welche beispielsweise am 12. Dezember 1922 amtlich aus Eppenbrunn gemeldet wurden. Diese wohl wahre Meldung passte wie manches andere zur damaligen antifranzösischen Stimmung. Zu sehen ist heute schon lange nicht mehr viel. Denn die Holzbaracken wurden nach 1930, als die Franzosen abzogen, weder wie vorgeschlagen als Kindererholung noch als Fabrikationsstätte genutzt, und auch die Bahnlinie wurde zum Bedauern der Bevölkerung wieder abgebaut. Dies geschah auch mit dem Argument, dass sie mit ihrer schmalen Spur nicht zum Streckennetz des Reiches passen würde.

Von der einst bis zu 30 000 Mann beherbergenden Soldatenstadt im Wald sind nur noch spärliche Reste wie hier die ehemaligen Offiziersunterkünfte erhalten.

Maikammer – General Jakob Hartmann

Jakob Hartmann war der Sohn eines Hufschmieds, der es bis zum erblichen Freiherrenadel brachte. Der Maikammerer wurde zu einem der bedeutendsten Generäle, die Bayern je hervorbrachte. Offensichtlich war er eine militärische Hochbegabung, sonst hätte er, von allen anerkannt, nicht so viel Erfolg haben können. Doch das erstaunlichste in seinem Lebenslauf besteht darin, dass er militärische Auszeichnungen von vier Ländern bekommen hat, die auch gegeneinander Kriege geführt haben, nämlich von Frankreich, von Bayern, Preußen und vom Deutschen Reich. Das scheint einmalig gewesen zu sein.

Von Franzosen wie Deutschen hoch dekoriert: General Hartmann aus Maikammer

Geboren wurde er 1795. Das militärische Frankreich lag vor der Tür. Sein Onkel mütterlicherseits war der französische General Michael Geither. So war es kein allzu weiter Weg zu einer militärischen Erziehung durch Frankreich, wo er in Bonn und St. Cyr bei Paris das Kriegerhandwerk so gut erlernte, dass er seine fulminante Karriere beginnen konnte: 1811 trat er in das 1. Regiment des Großherzogtums Berg ein, das zum Rheinbund gehörte und von Napoleon kontrolliert wurde. 1814/15 kämpfte er in den Feldzügen der französischen Armee gegen die Koalition der Napoleongegner. Schon da wurde er für die Ehrenlegion vorgeschlagen. Dass er aus Frankreichs Armee nach deren Niederlage um Abschied bat, war lebensgeschichtlich natürlich eine richtige Entscheidung. Seit 1816 in bayerischen Diensten brachte er es 1824 in den Generalstab, 1827 ins Kriegsministerium, 1848 war er Flügeladjutant des Königs. 1866 ging es gegen Preußen, wobei er auch einmal ein Gefecht verlor. 1869 wurde er General der Infanterie. 1870/71 – und da schließt sich der Kreis nach Frankreich hin – führte er das 2. bayerische Armeekorps über den Rhein. Im August erstürmte er Weißenburg als immerhin 75-jähriger, nahm Fröschweiler und Niederbronn, zwang die Festung Marsal zur Aufgabe und ta' sich bei der Einnahme von Paris hervor. Als er 1873 starb, war er einer de höchstdekorierten Generäle überhaupt. Er hat seine Kriegskunst offensich lich allen Herrschaften bereitwillig zur Verfügung gestellt. Als alter Haudegen ähnelte er dem Kartätschenprinzen und späteren deutschen Kaiser Wilhelm I., welcher derselben Generation angehörte. Dieser befehligte im Deutsch-Französischen Krieg die Festung Sedan. Hartmann soll überdies eine soziale und kulturelle Ader gehabt haben. Doch dass er in seinem Geburtsort als Denkmal auf hohem Sockel aus eingeschmolzenen Kanonenkugeln steht, wird ihm wohl am ehesten gerecht.

Die Schlacht von Morlautern

Morlautern ist heute ein Stadtteil von Kaiserslautern. Dort wütete ab 27. November 1793 eine dreitägige Schlacht zwischen preußisch-weimarischen Truppen und der Revolutionsarmee, ein Gemetzel mit Tausenden von Opfern auf beiden Seiten. Auf französischer Seite führte der junge General Lazare Hoche das ungestüm angreifende Volksheer der Revolutionssoldaten an. Der Kampf wogte in den Wiesengründen und auf den Hügeln. Eine ganze Reihe militärischer Nachwuchshoffnungen hat damals auf preußischer Seite ihre Prägung erhalten. Die Preußen haben trotz zahlenmäßiger Übermacht der Franzosen die Schlacht für sich entscheiden können. Doch sie haben auch erfahren müssen, was es heißt, gegen eine Volksarmee zu kämpfen. Auf Seiten der Revolutionäre mischten im Kampfgetümmel auch Frauen mit, Amazonen, die manchmal zusammen mit ihren Geliebten den Tod fanden. Der Triumph der Preußen dauerte nicht lange, denn schon zu Jahresende hatten die Franzosen, welche mittlerweile die Österreicher im Elsass besiegt und Landau besetzt hatten, die linke Rheinseite in ihrer Gewalt. Auch in der Literatur fand die Schlacht von Kaiserslautern ihren Widerhall. Der junge Baron von Fouqué, der spätere romantische Dichter der „Undine“, war dabei und berichtete in seinen Erinnerungen, dass nach einer Reihe von militärischen Misserfolgen hier „wieder freudige Ehrenbilder für die Preußen“ aufgetaucht seien. Die Siegesnachrichten von Morlautern und von Pirmasens führten übrigens in Berlin zur Geburt der

Der Jubiläums-Schlachtenturm aus dem Jahr 1894 am Rande eines Kaiserslauterer Neubaugebiets

Hymne „Heil dir im Siegerkranz". Aber auch das Fragwürdige des Soldatentodes wurde angesichts der brutalen Schlacht reflektiert. Noch 80 Jahre später findet sich in Theodor Fontanes „Wanderungen durch die Mark Brandenburg" und in seinem Roman „Vor dem Sturm" ein später Widerhall der Ereignisse um Kaiserslautern. Dort wird das Schicksal des märkischen Offiziers Otto von Rohr beschrieben, der in Morlautern in französische Gefangenschaft geriet und milieugerechte Skizzen aus dem Lager liefert. Fontane, der beim Feldzug von 1870 dabei war, verglich die Ereignisse damals und zu seiner Zeit und stellte fest, dass der französische Charakter im Guten wie im Schlechten, in Liebenswürdigkeit und Frivolität, in Artigkeit und Frechheit im Grunde gleich geblieben sei.

Napoleon jedenfalls ließ sich bei seinem Besuch in Kaiserslautern 1804 im Abstand von 10 Jahren das Schlachtfeld von Forstmeister Rettig zeigen. Er rekonstruierte das Geschehen und analysierte die Fehler des Befehl habenden Generals Hoche, sicher auch zum Nutzen seiner noch bevorstehenden Erfolge bei vielen Bataillen. Die Kaiserslauterer errichteten zum 100-Jahr-Jubiläum 1894 in Morlautern einen „Schlachtenturm".

Burg Neudahn

Es gibt nicht allzu viele französische Könige, welche je in die Pfalz gekommen sind. Heinrich II. war hier und er wurde von seinem Gastgeber Christoph von Dahn 1552 auf Neudahn beherbergt. Der Besuch war natürlich hochpolitisch. Heinrich II. suchte damals die Verbindung zu den protestantischen Fürsten im Reich, also auch zur Kurpfalz, und war auf dem Durchzug zum Rhein. Der junge Pfalzgraf Johann Casimir hatte am Hof des französischen Königs geweilt und dort einen Teil seiner Ausbildung genossen. Als Heinrich II. in Neudahn ankam, lag die Frau des Schlossherrn im Wochenbett. Die Burg war damals nach ihrer Zerstörung durch Franz von Sickingen gerade wieder hergerichtet und den neuen Bedürfnissen angepasst worden. Heute bietet sie wie so viele Pfälzer Burgen den Anblick einer romantischen Ruine, wenngleich sie immer noch eines der eindrucksvollsten Werke der pfälzischen Burgenarchitektur darstellt.

Auf Neudahn war 1552 der französische König Heinrich II. zu Gast.

Neustadt a. d. Weinstraße – Casimirianum

Das Casimirianum hat seinen Namen von Pfalzgraf Johann Casimir (1543 – 1592) aus der Linie Pfalz-Simmern erhalten. Dieser an den Höfen von Paris und Nancy ausgebildete hohe Herr war schon in jungen Jahren dem reformierten Glauben begegnet und in der Folge einer seiner eifrigsten Verfechter geworden. 1567 war er mit einem Heer den französischen Hugenotten zu Hilfe geeilt. 1575/76 führte ihn ein zweiter Feldzug nach Frankreich, wie es heißt mit zweifelhaftem militärischen Erfolg. 1587 engagierte er sich abermals in Frankreich für seine Glaubensgenossen – und wurde kläglich geschlagen. Er residierte zwischenzeitlich als Pfalzgraf von Lautern und Neustadt links des Rheins und erst ab 1583 als Verweser der Kurpfalz wieder in Heidelberg. Da in Heidelberg der Calvinismus vorübergehend zurückgedrängt worden war, hatte Johann Casimir 1578 in Neustadt eine reformatorische Hochschule gegründet, das Casimirianum. Es war die bedeutendste Anstalt ihrer Art in Mitteleuropa. Doch sie existierte nur knapp sechs Jahre. Denn 1584 konnten die von der Heidelberger Uni nach Neustadt gewechselten Professoren reformatorischer Richtung wieder an den Neckar zurückkehren – mit ihrem Pfalzgrafen.

Am Casimirianum wirkten einige berühmte Gelehrte, so der Theologe Zacharias Ursinus, der zu Studien in Genf bei Calvin und in Paris geweilt hatte und Mitherausgeber des „Heidelberger Katechismus" geworden war. Auch gelehrte französische Glaubensflüchtlinge wie François Dujon gehörten zum Lehrkörper der hohen Anstalt. Das auf dem Gelände eines ehemaligen Klosters der Augustinerinnen eingerichtete Casimirianum mit seinem alsbald entfalteten Studentenleben beherbergte damals und später auch eine pädagogische Vorschule für Schüler, das Pädagogium, das im Gegensatz zur Hochschule weiter Bestand hatte und erst in den Nachwirren der Französischen Revolution 1797 verschwand. Während der napoleonischen Herrschaft wurde 1808 im Gebäude des Casimirianums eine école secondaire – natürlich mit französisch orientiertem Lehrplan – eingerichtet. Sie wurde 1816 in der bayerisch gewordenen Pfalz aufgelöst.

Auch französische Glaubensflüchtlinge lehrten in der Theologischen Hochschule Casimirianum zu Neustadt.

Neustadt an der Weinstraße – Kunigunde Kirchner

Es ist immer aufgefallen, dass Neustadt zu den wenigen Städten gehörte, die im desaströsen Pfälzischen Erbfolgekrieg einigermaßen heil davongekommen sind. Ganz im Gegensatz etwa zu Speyer oder Worms. Noch heute kann man in der inneren Stadt schöne alte Bausubstanz aus dem 16. und 17. Jahrhundert bewundern. Man hat Gründe für diese Nichtzerstörung gesucht, wo doch im pfälzischen Land damals 400 Burgen und Dörfer von den französischen Truppen in Schutt und Asche gelegt wurden. Man hat diese Gründe nie eindeutig gefunden. Nur in der Legende. Und da diese wahrscheinlich schöner ist als die Wirklichkeit, mag es dabei bleiben.

Ein neues Denkmal erinnert an die Legende der Rettung Neustadts im Pfälzischen Erbfolgekrieg.

Da gab es nämlich die Neustädter Bürgerstochter Kunigunde Kirchner, in die sich der Krieg führende Offizier in französischen Diensten de Werth verliebt hatte. Fraternisierungen dieser Art waren damals wohl weniger verpönt als bei späteren Besatzungen. Die Tatsache, dass sich hier ein einflussreicher Vertreter der Siegermacht in ein Bürgermädchen der bedrängten Stadt verguckt hatte, erschien den Neustädtern als ein Ansatzpunkt, um der drohenden Brandschatzung und Ausplünderung zu entgehen. Kunigunde musste ihren ganzen Mut zusammennehmen, um hier zu bestehen. Ihren Kavalier hat sie wohl leichter um Verschonung gebeten als den General Monclar, vor dem sie angeblich kniefällig werden musste. Die Stadt ist jedenfalls verschont geblieben und die Affäre soll mit einer Heirat geendet haben. Es gibt nicht sehr viele glücklich endende Liebesgeschichten in den 1000-jährigen pfälzisch-französischen Beziehungen. Und wenn sie nicht wahr sind, muss man sie erfinden.

Heute gibt es ein Denkmal dieses Paares in der Kunigundenstraße. Der Bildhauer Bernhard Matthäss hat im Jahr 2000 zwei Figuren aus Edelstahl und Beton geschaffen, de Werth und Kunigunde, die in räumlicher Distanz, aber natürlich aufeinander bezogen sind. Beton und Stahl, „harte" Materialien, die an Waffen und Panzerungen denken lassen, wie sie die deutsch-französische Geschichte immer wieder zum Vorschein gebracht hat. Aber die Sockel der Figuren sind schon weicher, nämlich aus Sandstein. Der Sockel von Kunigunde ist aus hellem Haardter Sandstein, der von de Werth aus rotem französischen.

Nußdorf – Haustafeln in der Kirchstraße und anderswo

Aus der republikanischen Zeit französischer Herrschaft sind in Nußdorf – wahrscheinlich einmalig in der Pfalz – noch 11 Haustafeln vorhanden. Sie wurden von den Hausbesitzern an ihren Neubauten zwischen 1798 und 1812 angebracht. Die Jahreszahl ist dabei in doppelter Zählweise angeführt: einmal nach dem „alten Stil" und daneben nach dem Revolutionskalender, der mit dem Jahr 1792 als Jahr 1 beginnt. Im 7. Jahr seit Bestehen der Republik ist also beispielsweise ein solches Haus errichtet, wobei der Hinweis formelhaft und in herausgehobener Schriftart als „Fr. Republik" erscheint. Es ist dies die „Fränkische Republik" der „Neufranken", sprich die Republik der Franzosen – die Nußdorfer hatten sich dieser Republik gern eingegliedert.

Haustafeln als Ausdruck neuer Wohlhabenheit der Nußdorfer Bürger in der Franzosenzeit

Die Nußdorfer waren ja schon Jahrhunderte vorher Avantgarde einer Revolte, als sich ihre Bauern 1525 zur Erhebung gegen die Fürsten entschieden. Und jetzt waren sie es gleichsam wieder. Nußdorf ist möglicherweise die erste pfälzische Gemeinde, die sich in einer freien Wahl eine Munizipalität und einen „maire" zugelegt hat. Die durch die Auswirkungen der Französischen Revolution zu Wohlstand gelangten Bürger demonstrierten dies eben durch solche Haustafeln. Es waren zu Beginn des letzten Jahrhunderts etwa doppelt so viele Inschriften dieser Art als heute noch vorhanden sind. Doch durch die Aufstockungen im Zuge der Modernisierungen sind viele Tafeln verschwunden, zumal sie bei der ersten Denkmäler-Inventarisierung der bayerischen Pfalz noch für unbeachtlich gehalten wurden.

Oberotterbach – Schlössel

Das Schlössel ist ein ehemaliges Amtsgebäude, das 1738 als Sommersitz eines Zweibrücker Adelsgeschlechtes erbaut wurde. Es handelt sich um einen französisch beeinflussten eingeschossigen Spätbarockbau mit Mansardendach. Doch das Französischste daran ist ein Produkt der Pariser Luxusindustrie im größeren Eckzimmer, eine Panoramatapete aus der Manufaktur Dufour, höchstwahrscheinlich aus den Jahren zwischen 1820 und 1825. Die in Grisaille-Technik gefertigte Tapete aus geripptem handgeschöpften Hadernpapier zeigt genrehafte Szenen vor klassischer italienischer Landschaft und antiker Staffage. Ob es die von der Heeresmacht geschützten Segnungen des Friedens sind, die hier dargestellt sind, wie man es früher einmal sehen

wollte, sei dahingestellt. Jedenfalls hat sich dieses seltene Exemplar – in Rheinland-Pfalz ist es einmalig – bis heute erhalten, wenn auch in einem Zustand, der dringend einer Restaurierung bedarf. Dem wollen die neuen Besitzer des Schlössels, die hier ein

kleines Hotel mit Edelrestaurant planen, Rechnung tragen. Sie wollen die aus handgefertigten Modeln gedruckte herrschaftliche Tapete hinter Glas geschützt den Besuchern des Gastraumes zugänglich halten.

Seltene Tapetenbilder aus dem Paris um 1820 werden nach ihrer Restaurierung wieder zu sehen sein.

Otterberg – Stadt der Wallonen

Spätestens im Jahr 1579 betraten die ersten Wallonen den Boden Otterbergs, dessen ehrwürdige, 1564 endgültig aufgelassene Abtei dem alten Glauben nicht mehr nützlich sein konnte. Denn die Neubürger waren Glaubensflüchtlinge der Reformation, vertrieben aus den französischsprachigen spanischen Niederlanden, aus der Wallonie. Ihr Schutzherr, der Pfalzgraf Johann Casimir, siedelte sie zuerst in Schönau bei Heidelberg und dann eben in Otterberg an, das zu seiner besonderen Hausmacht, dem Fürstentum Pfalz-Lautern gehörte. Johann Casimir regelte die Integration der Wallonen sehr zu deren Zufriedenheit. Es gab ein Einzugsgeld, Befreiung von Fronleistungen, Verzicht auf Abgaben, es gab Zugeständnisse hinsichtlich der Gebäudenutzung, es wurden ihnen Fischteiche überlassen, sie durften die Steine aus dem ehemaligen Kloster zum Bau ihrer Häuser verwenden. Die Wallonen einte ihr gemeinsames Schicksal. Ihr sozialer Zusammenhalt wurde auch durch ebenfalls reformierte Geistliche französischer Sprache gesichert, von denen sie betreut wurden. Der bekannteste der Seelsorger war wohl François du Jon (Franciscus Junius), der aus Bourges stammte und, von dort vertrieben, über Antwerpen, Schönau und Neustadt nach Otterberg gelangte. In Neustadt lehrte er am „Casimirianum“, der bedeutenden calvinistischen Hochschule. Geschick und Fleiß der Glaubensflüchtlinge ließen die Siedlung bereits 1581 die Stadtrechte erlangen. Viele von ihnen widmeten sich der Textilproduktion, Berufe wie Gerber, Färber, Weber unter anderem hatten sie mitgebracht und entwickelten sie hier erfolgreich weiter. Die Stadt erlebte dadurch noch bis in den Dreißigjährigen Krieg hinein eine Blütezeit.

Die Wallonen betrieben ein Schulhaus, in dem die französische Sprache gepflegt wurde, denn bis in die Mitte des 18. Jahrhunderts war ihre Umgangssprache in Otterberg Französisch. Auch in ihrem Benehmen scheinen sich die fein gebildeten Otterberger zu diesen Zeiten von den Lauterer „paysans“, den Bauern, – so wird erzählt – abgehoben zu haben. Bei Familiennamen und Grabsteinen, selbst bei Volksfesten stößt man heute noch auf die Spuren der Wallonen in Otterberg. Die sichtbarsten Zeugen aber sind ihre heute noch stehenden und zum Teil gut renovierten Häuser, meist zwischen 1600 und 1612 erbaut, so das Pfarr- und Schulhaus der Französisch-Reformierten oder die Alte Apotheke von David Gille Anthoine. Auch das älteste erhaltene Haus in Otterberg – es wurde 1589 vom Färber

Henri Bodechon am Lauf des Otterbachs errichtet – stammt von einem Wallonen. Otterberg wurde als letzte wallonische Gemeinde der Pfalz 1817 formell aufgelöst.

In anderen pfälzischen Gemeinden gelangten religiös verfolgte Wallonen und Hugenotten ebenfalls zur festen Bleibe. Die zeitlich ersten trafen schon 1561 in Frankenthal ein, andere in Lambrecht und Eußerthal.

Attraktive, renovierte Fachwerkhäuser der Wallonen

Pirmasens – Blümelstal

Beim Pfalzbiographen August Becker ist das Blümelstal noch ein romantisches Stückchen Erde, heute ein struppiges, noch besser zu erschließendes Naherholungsgebiet im westlichen Stadtgebiet von Pirmasens. Kein Hinweis findet sich heute darauf, dass hier einmal eine der blutigsten Schlachten im Revolutionskrieg, am 14. September 1793 stattgefunden hat. Es handelte sich dabei um eine der vielen Schlachten des so genannten 1. Koalitionskrieges, in welchem eine Koalition von Reichstruppen, hauptsächlich Österreicher und Preußen, gegen die in Richtung Rhein vorstoßende revolutionäre Volksarmee der Franzosen standzuhalten versuchte. Es gelang diesmal wie es im November desselben Jahres auch in Kaiserslautern-Morlautern gelingen sollte. Überlassen wir die Beschreibung des kriegerischen Geschehens August Becker: „Die Franzosen stürmten über die Husterhöhe gegen die Stadt an, wurden aber ins Blümelstal gedrängt, wo eben ihre Kavallerie aus dem „Schacht“ hervorbrechen wollte ... Jetzt aber manövrierten die Preußen rechts und links in die Flanken des Feindes, heftig beschossen wichen die Franzosen bald in wilder Flucht und von den Husaren gedrängt stürzten sie sich ins Blümelstal, wohin auch ihre Haubitzenbatterie von Fehrbach retiriert war. Die Wagen stürzten über die Felsen hinab und furchtbare Explosionen vermehrten den Schrecken ... Es war ein greuliches Gemetzel in der anmutigen Schlucht."

In die Blümelstaler Schlucht, heute ein idyllisches Tälchen auf Pirmasenser Stadtgebiet, stürzten die Reiter der französischen Volksarmee auf der Flucht vor den Preußen. Grausame Bilanz: 4000 Tote.

Im Augenzeugenbericht eines Bauern, den dieser in einem Tagebuch niederlegte, liest sich das Ereignis so: „Ich war selbst an dieser Stelle und habe die Toten nackt liegen sehen. Auch hab ich mir einen Beutel voll Pulver und Kugeln gemacht. Am andern Tag den ganzen Sonntag über hörten wir die Kanonen krachen. Daraufhin verließen wir das Blümelstal und sahen die Verluste an Menschen und schönen Pferden, die tot herumlagen. Man kann sich denken wie es da ergangen ist."

Die Franzosen sollen 4000 Mann verloren haben, die Preußen nur 200. Nun, die Franzosen kamen bald wieder. Schon 1794 waren sie abermals da.

Scheibenhardt/ Scheibenhard – Grenzbrücke

Seit dem Wiener Kongress 1815 trennt die Lauter als Grenzfluss die beiden Scheibenhard(t)s, die ehemals eins waren. Es ist erstaunlich, wie sich in knapp zwei Jahrhunderten trotz der anfänglich identischen Sprache eine Dorfgemeinschaft auseinanderleben konnte. Südlich des Flüsschens Lauter liegen Frankreich und das Elsass, nördlich davon Deutschland und die Pfalz. Die Schicksale von Kriegen und wechselseitigen Annexionen führten dazu, dass selbst nach Abschaffung der Zollgrenzen 1992/93 und nach Einführung des Euros als gemeinsame Währung ein möglicherweise erwartetes

Zusammenwachsen bis heute ausgeblieben ist. Die Grenze blieb in den Köpfen. Und der gemeinsame Dialekt trägt nicht mehr, denn er ist im elsässischen Scheibenhard kaum mehr vorhanden. Französische Sprachpolitik hat das ihrige dazu beigetragen. Dazu kommen neue Animositäten durch eine echte oder empfundene unterschiedliche Kaufkraft auf deutscher und französischer Seite. Natürlich ist der unterschiedliche Aufbau der Verwaltungen ein Hauptgrund dafür, dass das Zusammenwachsen über das Flüsschen Lauter hinweg so schwierig ist. Frankreich ist zentralistisch, die administrativen Spielräume sind dort vor Ort nicht sehr groß. Wenn über 50 Jahre lang keine Ehe zwischen Angehörigen der beiden je 700 Einwohner zählenden Gemeinden geschlossen wurde, so ist das recht bemerkenswert.

Scheibenhardt war die erste deutsche Gemeinde, die von der französischen Armee 1945 erobert worden ist. Dies geschah durch die algerischen und tunesischen Schützen der 1. Französischen Armee unter dem Oberkommandierenden Lattre de Tassigny am 19. März nach erbitterter Gegenwehr deutscher Rückzugstruppen an der Lauter. Prägend ist dieses Ereignis heute nicht mehr. Die beiden Bürgermeister sind durchaus bemüht, ein gutes Verhältnis herzustellen. Der grenzüberschreitende Zweckverband PAMINA hat auf der Grenze in Scheibenhard(t) sein Büro eröffnet, es gibt jährlich ein Brückenfest mit Einladung an beide Seiten.

Die unscheinbare Brücke über die Lauter verbindet die beiden Scheibenhard(t)s an der elsässisch-pfälzischen Grenze.

Ein französischer Bäcker bietet seit kurzem in seinem Laden auf deutscher Seite seine Waren an. Man sagt, Europa bilde sich im Kleinen. Die nahen Verwandten in Scheibenhard(t) – und nicht nur die – haben alle Chancen, das in Zukunft unter Beweis zu stellen.

Kaiserstraße – Teilstück zwischen Sembach und Lohnsfeld

1798 regte der Präfekt des Saardepartements den Weiterbau der französischen Route von Saarbrücken nach Mainz an. Doch erst ab 1806 wurde das Projekt auch verwirklicht. Zuerst war an eine Straße gedacht, die über Kaiserslautern, Dürkheim, Oggersheim und von da die Rheinstraße entlang in die Departementhauptstadt Mainz führen sollte. Doch mit der Verlegung von Napoleons militärischem Hauptquartier nach Mainz wurde die direktere Linie dorthin gewählt. Es waren also eher militärstrategische als wirtschaftliche Grunde, die für den endgültigen Bau entscheidend waren. Die französischen Planer und Ingenieure hatten zusammen mit hinzugezogenen deutschen Fachkräften dabei darauf zu achten, dass eine möglichst gerade Trasse entstand, andererseits aber Steigungen besonders wegen des Transports von schwerem militärischen Gerät vermieden wurden. Das war im hügeligen Gelände nicht immer einfach. Als Heerstraße musste die Trasse auch breit sein, 10 Meter bei 6 Metern steinernem Unterbau. Gelegentlich wurden auf den Seiten Laubbäume oder Pyramidenpappeln gepflanzt, so etwa bei Sembach. Als Straßenbauer auf dem Kontinent führend, gingen die Franzosen in schöner Rationalität vor. Weiher wurden zugeschüttet, Unebenheiten beseitigt, in Kaiserslautern, wo die Armeestraße mitten durch die Stadt führte, wurden störende Häuser und ganze Tore abgerissen. Das Projekt zog sich zeitlich in die Länge, da die Finanzierung aus Steuermitteln durch die pfälzische Einwohnerschaft in Zeiten wirtschaftlicher Stagnation schwierig war. Napoleons Feldzüge forderten schließlich ihren Tribut. So war beispielsweise die Strecke zwischen Kaiserslautern und Lohnsfeld erst 1811 fertig. Die Mühen des Straßenbaues sind der Strecke nicht anzusehen. Aber man muss sich Tausende von Bauern vorstellen, die dazu vor Ort zu Hand- und Spanndiensten abgezogen wurden. Für ihre Maloche wurden sie wenig oder gar nicht entlohnt. Endlich war die Kaiserstraße durchgehend befahrbar. Von Saarbrücken führte sie in Verlängerung der französischen Route Nationale (heute Route Nationale 3) über St. Ingbert, Kirkel, Homburg, Bruchmühlbach, Landstuhl, Sembach, Standenbühl, sich südlich am Donnersberg vorbeischlängelnd nach Kirchheimbolanden und von dort über Alzey nach Mainz, wo sie als „Pariser Chaussee" Willkommen geheißen wurde. Nicht mehr verwirklicht wurde nach Beendigung der Franzosenzeit die geplante Weiterführung der Kaiserstraße bis nach Kassel.

Die Kaiserstraße war zu ihrer Zeit eine der wichtigsten Fernstraßen in Europa. Manche Stationen und Dörfer profitierten durch den neuen Verkehrsweg, etwa durch die Einrichtung von Posthaltereien. In vielen Orten hat eine Teilstrecke ihren Namen bis heute erhalten. Sonst ist es die B 40. Teile wurden von der Autobahn geschluckt. Wie in anderen Gegenden des Kontinents – so etwa in Dalmatien oder in Italien die „Litoralstraße“ – war diese Transversale quer durch ein ehedem sehr kleinräumiges Stück Alteuropa eine der nützlichen Hinterlassenschaften Napoleons.

Kerzengerade verläuft die Trasse der ersten europäischen Fernstraße, der „Kaiserstraße“ Napoleons bei Sembach und Lohnsfeld.

Der Dom zu Speyer

Was haben Franzosen mit dem Speyerer Dom zu tun? Recht viel. Die wechselvolle Geschichte der Begegnungen zwischen Deutschen und Franzosen spiegelt sich in diesem Monument, das auch deshalb zum Weltkulturerbe gehört. Errichtet im romanischen Stil, der ja gemeineuropäisch und für Franzosen mit eigenen historischen Kirchenbauwerken wie Cluny oder den nordfranzösischen Klöstern St. Rémi und Jumièges in Verbindung zu bringen ist. Zu Weihnachten 1146 ereignete sich hier auch politische Geschichte, als nämlich Bernhard von Clairvaux im Dom predigte und den Kaiser wie die versammelten Fürsten und Geistlichen erfolgreich zum zweiten Kreuzzug aufrief. Um diesen Aufenthalt des großen französischen Kirchenreformers und Heiligen ranken sich über Jahrhunderte hin Legenden, wie etwa die von der Begegnung Bernhards mit der Marienstatue, die zu sprechen anfing und der Bernhard mit den heute noch im Mittelgang des Doms verewigten Worten „O clemens, o pia, o dulcis virgo Maria“ Reverenz erwies.

Im 17. Jahrhundert hat das Bauwerk durch französische Heere nichtreparable Schäden erlitten. Im sogenannten Spanischen Erbfolgekrieg wurde zu Pfingsten 1689 die Stadt niedergebrannt, den Dom wollten die Militärs eigentlich verschonen. Doch der tagelang wütende Brand griff auf die Kathedrale uber, sodass ihre Dächer einstürzten und auch große Teile des tragenden Mauerwerks. Derart zur Ruine geworden lud das Bauwerk in der Folge die Soldateska der Besatzer zu weiterer Verwüstung und Plünderung ein. Was in der Erinnerung besonders haften blieb, war die Schändung der Kaisergräber, welche die Soldaten auf der Suche nach wertvollen Grabbeigaben durchwühlten. Der große französische Dichter Victor Hugo hat diese Taten im Abstand von über anderthalb Jahrhunderten verurteilt und stellvertretend für viele andere Franzosen seine Scham darüber zum Ausdruck gebracht. Nach dem großen Brand lag das monumentale Bauwerk erst einmal über 70 Jahre beinahe wie eine Ruine da, ehe die Speyerer Bischöfe daran denken konnten, es zu erhalten. Unter den Gutachtern zur Sanierung des Doms war der kurpfälzische Hofbaumeister Nicolas de Pigage, einer der vielen kreativen Franzosen im Dienste Karl Theodors.

Als die französischen Revolutionstruppen 1789 und in den Folgejahren auf den gerade neu erbauten Dom trafen, war das Bauwerk abermals in Gefahr. Im Zuge der beinahe unübersichtlichen Kriegshandlungen mit wiederholten Machtwechseln innerhalb kürzester Zeit verwandelte sich die große Kirchenhalle wechselweise in Lazarett und Magazin. Der Dom verlor den größten Teil seiner Innenausstattung, Bilder, Figuren – darunter die weithin bekannte Gnadenmadonna – liturgische Geräte und vieles mehr. Dies ist der Grund, warum der heutige Domschatz nicht mit seinesgleichen in anderen Domstädten konkurrieren kann.

Unter Napoleon entwickelte die Administration in der Departement-Hauptstadt Mainz 1806 Pläne zum Umbau des Domes in ein nationales Denkmal der französischen Republik. Eine Art Triumphbogen an Stelle der barocken Fassade war geplant, die Steine sollten beim Umbau verwendet werden. Diese Pläne wurden durch das mutige Eingreifen des auch in Speyer amtierenden Mainzer Bischofs Colmar, eines aus dem Elsass stammenden

Fast 1000 Jahre deutsch-französische Geschichte bewahrt der Speyerer Dom.

Franzosen, erfolgreich verhindert. Colmar erreichte über das zuständige Pariser Ministerium den persönlichen Einspruch des Franzosenkaisers.

Geschichtsbewusste Franzosen haben die Domkirche im 19. Jahrhundert besichtigt, auch erforscht. So der bedeutende Mediävist und Archäologe Arcisse de Caumont. Repräsentanten der Siegermacht Frankreich haben nach dem Ersten Weltkrieg ihre Pfalzverwaltung neben dem Dom eingerichtet. 1945 hat es sich Charles de Gaulle nicht nehmen lassen, vor dem Dom eine Truppenparade abzuhalten. Ein ebenso geschichtsbewusster deutscher Bundeskanzler Helmut Kohl hat seine französischen Staatsgäste zu deutsch-französischen Geschichtsstunden stets durch den altehrwürdigen Kaiserdom geführt.

Speyer – Heiliggeistkirche

Die heute profanierte Heiliggeistkirche in der Johannesstraße wurde 1792 zum Tagungslokal der Speyerer „Gesellschaft der Freunde der Freiheit und Gleichheit", des Jakobinerclubs, der in der Folge der „Mainzer Republik" schon am 13. November gegründet worden war. Er hatte viel weniger aktive Mitglieder als in Mainz, nämlich 15. Und das waren nur halb so viele wie im vergleichbaren Worms. In Landau waren es einige Hundert. Aber Landau war ja schon ein Jahrhundert lang eine französische Stadt. Andererseits mangelte es im inneren Zirkel der Speyerer Jakobiner nicht an Radikalität. Da gab es beispielsweise den Buchdrucker Philipp Wilhelm Hauth. Der hatte in der Domstadt 1791 das hochrevolutionäre Stück eines anonymen Verfassers gedruckt: „Die Rebellion – ein vaterländisches Original-Schauspiel in vier Aufzügen". Es waren keine wohlhabenden Bürger im Club, auch keine Intellektuellen wie in Mainz, keine entsprungenen Pfarrersleute wie andernorts. In Speyer lag der Fall sehr speziell. Was die französischen „Neufranken" da an republikanischem Gedankengut an den Rhein brachten, das erschien den Speyerern als nicht grundlegend neu. Sie redeten sich ein, schon seit dem Mittelalter in einer republikanischen Tradition gestanden zu sein, was ihnen um so leichter fiel, als es hier kein führendes Patriziat gegeben hatte. So endeten die Wahlen zur Munizipalität 1793 für die Jakobiner in einem Debakel. Der republikanische Hauptkandidat, Ratskonsulent Petersen wurde nicht gewählt, sondern musste von Revolutionsgeneral Custine als „maire" eingesetzt werden. Petersen, durchaus ein ehrenwerter Mann, hatte von ungefähr 500 Wählern nur 46 Stimmen bekommen. Fortgesetzt wurde der Jakobinerclub 1798 durch den „Konstitutionszirkel", der 43 Mitglieder hatte. Eines davon war der Maler und Zeichner Johann Ruland, von dem die bekannte Darstellung des Freiheitsbaumes vor dem Dom stammt.

Die heute profanierte Heiliggeistkirche war einmal Sitzungslokal der Speyerer „Jakobiner".

Speyer – Historisches Museum der Pfalz: Napoleonbüste

Der Kaiser der Franzosen sorgte schon selbst dafür, dass sein Bildnis verbreitet wurde. Neben allerhand Kleindevotionalien hat eine Napoleonbüste Bestand, die zu ihrer Zeit weit verbreitet war, die man aber heute nur noch selten vorfindet – und dann eher im Museumsdepot. Die Geschichte: Wie im Innern der französischen Republik wurden auch in den von Frankreich dazu gewonnenen neuen Departements die Gemeinden gedrängt, Napoleonbüsten aufzustellen. Das bildhauerische Werk wurde von dem kunsthistorisch bedeutsamen und von Napoleon sehr geschätzten Künstler Denis Antoine Chaudet (1763 – 1810) geschaffen. Etwa 1000 Repliken wurden gefertigt und zwar aus echtem Carrara-Marmor. Gut und teuer sollten sie sein. Teuer, weil Napoleons älteste Schwester Elisa Bacchiocci Eigentümerin der berühmten Steinbrüche in Carrara geworden war. Von der dortigen Banca Elisiana aus erfolgten Herstellung und Vermarktung der Büsten. So blieben Ehre und Geld in der Familie! Das nachgefertigte Kunstwerk war so teuer, dass die Stadt Speyer zu seinem Erwerb bei ihren Bürgern zu Spenden aufrufen musste. Die Spendenquittungen sind noch erhalten, nützen aber niemandem mehr. Die Büste ist nicht mehr aufzufinden. Im Historischen Museum der Pfalz befindet sich noch ein wahrscheinlich gleichartiges Exemplar, das ehemals von der Gemeinde Kusel für stattliche 500 Francs erworben werden musste.

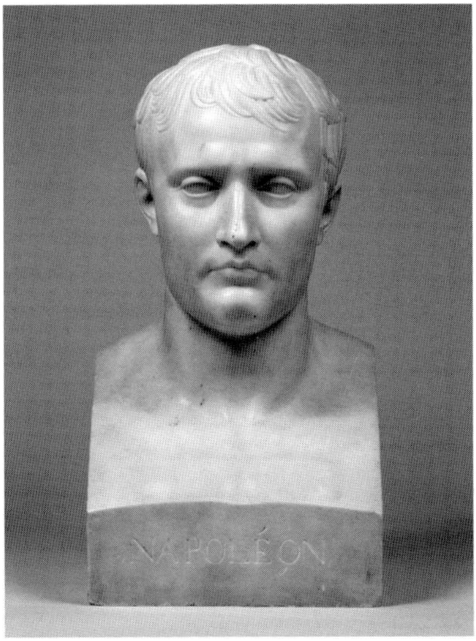

Das Museum bewahrt seltene Gegenstände pfälzisch-französischer Herkunft, so die einstmals teure Napoleonbüste von Denis Antoine Chaudet.

Die französischen Bezüge der Pfalz stellen einen Schwerpunkt in der Ausstellung des Historischen Museums der Pfalz dar. Dies reicht von einer monumentalen lothringischen Baumkelter über einen siebensäuligen Schrank aus dem Elsass bis zur schönen Frankenthaler Porzellansammlung. Dazu Porträts mit französischen Persönlichkeiten, Zeichnungen, Urkunden und manches mehr. Doch die wichtigsten

Symbole der Franzosenzeit, speziell der Revolutionsjahre, wie Freiheitsbaum, Jakobinermütze oder Nationalkokarde, sind hier, wie in allen anderen Museen der Pfalz, mit keinem einzigen Exemplar vertreten.

Speyer – Wittelsbacher Hof und Pirmasens – Bezirksamt: Separatisten

„Lieber französisch sterben, als deutsch verderben!" Diese Losung will man 1923 in der Pfalz allerorten gehört haben. In der Tat war die Redensart in vieler Munde, besonders aber bei der „Freien Bauernschaft", der damals größten Bauern-Genossenschaft. Wie war es dazu gekommen, dass man die Pfälzer (und mit ihnen die Rheinhessen und die Rheinländer) wieder einmal verdächtigen konnte, „Französlinge" zu sein? Nach der Niederlage des Deutschen Reiches im Ersten Weltkrieg war die bayerische Pfalz französisches Besatzungsgebiet geworden. Eine erste separatistische Welle ging von der Südpfalz aus. Es war die „Freie-Pfalz"-Bewegung des Doktor Haas(s), deren Anhänger eher aus der politischen Mitte oder von rechts kamen, die, von Frankreich ungeniert unterstützt, ihre Zukunft unter dem Schutzschild der Siegermacht sahen. Mit dem Versailler Friedensvertrag war die Kraft dieser Welle im Sommer 1919 schon gebrochen und deren Unterstützer und Befehlshaber der Besatzungstruppen, General Gérard, wurde nach Frankreich abgezogen.

Ganz anders verlief die zweite separatistische Welle in den Jahren 1923/24. Sie ist nur zu verstehen, wenn man das politische Kräfteparallelogramm zwischen den Parteien vor Ort, der bayerischen Regierung in München, der Reichsregierung in Berlin und der Pariser Politik innerhalb der Westmächte mit berücksichtigt. Schließlich ging es um die Kriegsreparationen, die lange umstritten und lange ungeklärt waren und die das Reich aus wirtschaftlichen Gründen gar nicht bedienen konnte. Bekanntlich besetzten die Franzosen auch aus diesem Grund das Ruhrgebiet, was die wirtschaftliche Situation nur noch verschlimmerte. Die von Berlin eingeleitete Politik des passiven Widerstands gegen die Besatzungsmacht blieb letztlich erfolglos. Der passive Widerstand führte nur zu weiteren Repressalien der Besatzungsmacht. Als der Widerstand schließlich abgebrochen wurde, herrschte eine galoppierende Inflation, die in der Pfalz praktisch zum wirtschaftlichen Zusammenbruch führte. Frankreich hatte den Verkehr durch eigene Regie der Eisenbahnen aufrechterhalten, der Franc war teilweise und besonders im grenznahen Gebiet schon zur Ersatzwährung geworden. Die Einführung einer soliden neuen Währung ließ zu lange auf sich warten. Es gab Unruhe bei den Bauen und innerhalb der erwerbslosen Industriearbeiterschaft, ja sogar Krawalle, Bombenanschläge und Hungeraufstände. Von Bayern, das seine Distanz zur Weimarer Verfassung pflegte, erwartete man sich in der Pfalz nicht mehr viel und auch die Reichsregierung unter Stresemann brachte für die linksrheinischen Gebiete keine Linderung der materiellen Not. Kein Wunder, dass in dieser ausweglos erscheinenden Lage die Anlehnung an Frankreich als Lösung der vordringlichen Probleme erscheinen konnte. Mitte 1923 zwang das Elend im besetzten Gebiet zum Handeln. Die pfälzische SPD unter dem ehemaligen bayerischen Ministerpräsidenten Hoffmann, führende Unternehmer, aber auch Politiker anderer Couleur favorisierten schließlich die Idee eines autonomen Staates Pfalz, allerdings im Rahmen des Reiches. Der pfälzische Kreistag in Speyer lehnte das jedoch im Oktober 1923 ab.

Der Wittelsbacher Hof in der Speyerer Ludwigstraße: 1924 Ort eines politischen Attentats gegen die Separatisten

Zu diesem Zeitpunkt hatte die anfänglich im Untergrund agierende Separatistenbewegung schon einen unerwarteten Aufschwung genommen. Ihr Zulauf – in kurzer Zeit 5000 und mehr militante Anhänger – rekrutierte sich hauptsächlich aus den sozial deklassierten Milieus. An ihrer Spitze stand Franz Josef Heinz aus Orbis in der Nordpfalz, der die Freie Bauernschaft leitete. Pazifisten und Linke wie die Brüder Bley waren auch dabei. Am 5. November putschten sie. Sie konnten nur erfolgreich sein, weil französisches Militär, dem auch kurzerhand die pfälzischen Polizeimannschaften unterstellt wurden, ihnen die Wege frei hielt. Aktiv eingegriffen haben die Franzosen nicht. Franzosen waren auch nicht die Drahtzieher. Vom Besatzungsgeneral de Metz wurde die sofort ausgerufene „Autonome Pfalz" aber de facto als Subjekt der staatlichen Gewalt anerkannt. In Speyer bezog sie die Räume der Kreisregierung in der Maximilianstraße gegenüber der französischen Militärverwaltung. Der „Rheinischen Republik" hat man sich alsbald angeschlossen. Doch die hatte ihren Zenith schon überschritten, weil sich die sogenannte Rheinlandkrise gegen Jahresende mit der Einführung der Rentenmark schnell entschärft hatte. Bayern hatte bei einem Attentat seine Finger im Spiel, dem am 9. Januar 1924 der Separatistenchef Heinz-Orbis im Wittelsbacher Hof in Speyer zum Opfer fiel. Auch zwei der Attentäter und zwei unbeteiligte Personen wurden Opfer der Revolverschüsse.

Schlimmer noch ging es einen Monat darauf im Pirmasenser Bezirksamt zu. Ein Stoßtrupp von Gegnern der Separatisten versuchte am 12. Februar 1924 diese aus dem Bezirksamt zu vertreiben. Bei der sich entwickelnden Schießerei trafen Kugeln der Separatisten auch unbeteiligte Zuschauer. Die aufgebrachte Menge setzte das Gebäude in Brand. Herausdrängende wurden niedergemacht. Französisches Militär stand Gewehr bei Fuß und hat nicht eingegriffen. 15 Separatisten und sieben Angreifer ließen ihr Leben. Dies war praktisch das Ende der „Autonomen Pfalz". Alle äußeren Zeichen der Anwesenheit der Separatisten hatten mit Billigung der Militärverwaltung zu verschwinden. Bis Ende Februar war diese Republik abgewickelt. Ihre Führer flüchteten zum Teil nach Frankreich. Adolf Bley beispielsweise, der einmal mit führenden Linksintellektuellen wie Eisner, Bernstein und Kautsky verkehrt hatte, konnte mit Hilfe der Résistance der Verfolgung durch die Nazis entkommen. In 20 Jahren Exil soll er sich beharrlich geweigert haben, Französisch zu lernen.

Die Vorgänge um den pfälzischen Separatismus standen früh im schiefen Licht einseitiger deutsch-nationaler Betrachtung, verstärkt durch die Geschichtsfälschungen der Nazis. Das Image der Separatisten als Reichsfeinde und Vaterlandsverräter verhinderte noch lange nach dem Zweiten Weltkrieg eine tabufreie Behandlung des Themas.

Speyer – Haus Ludwigstraße 19

Das Haus in der Ludwigstraße 19 hat eine lange Geschichte. Es war in alten Zeiten Stiftsdekanei von St. German und Mauritius. Doch im Jahre 1800, am 8. Fructudor, wurde es Sitz der Unterpräfektur des Departements Mont Tonnerre der Republik Frankreich. Es war ein ziemlich heruntergekommenes Haus, in welchem auch der Unterpräfekt Sadoul mit seiner Familie Wohnung nehmen musste. Und nach ihm bis Anfang 1814 noch vier weitere Unterpräfekten. Ein sous-préfet und bis zu sieben Beamte in nur einem brauchbaren Büroraum zu ebener Erde! In mehreren Eingaben nach Mainz und Paris wurde um Abhilfe des unhaltbaren Zustands gebeten. Doch an den entsprechenden Haushaltsstellen war dafür kein Geld vorgesehen. Über all die Jahre hin nicht. Man verwies auf die Baupflicht vor Ort.

Bis heute nicht geklärt: Badeten Napoleon und seine Gattin hier in der ehemaligen Unterpräfektur des Departements?

Es ist erstaunlich, dass sich in einer Stadt wie Speyer für den Sitz des Arrondissements kein geeignetes Domizil finden ließ, wofür die Kosten nicht zu hoch gewesen wären. Hier zeigt sich, dass die teuren Eroberungskriege Napoleons den Ausbau ziviler Einrichtungen und selbst der Verwaltung in Mitleidenschaft zogen. Dieser Sachverhalt erklärt auch, dass all die Pläne zur Gestaltung des öffentlichen Raumes in den Kantonshauptorten in den Schubladen geblieben sind und dass sehr wenig Bauliches aus der Empirezeit in der Pfalz überliefert ist. Die Zeit zwischen 1800 und 1814 war dafür zu kurz und das Geld war nicht vorhanden.

Zurück zu unserem Haus in der heutigen Ludwigstraße: Es gibt die durch sichere Quellen nicht bestätigte Nachricht, dass der Kaiser und möglicherweise die Kaiserin Josephine just hier „gewohnt, gebadet und sogar getanzt" haben. Bis heute hat die Forschung keinen Aufenthalt Napoleons in der Stadt nachgewiesen. Doch eine nachträglich eingebaute Steinwanne in einer Nische an der rückwärtigen Wand mit Holzverkleidung und Empireschnitzereien gibt es. Also doch ein Napoleonbad in Speyer? Jedenfalls, so sagt die Lokalforschung, war die französische Unterpräfektur nie ein Hotel Imperial! In den 1920er Jahren beherbergte das Haus provisorisch die mit französischer Zustimmung neu gegründete Pfälzische Landesbibliothek.

Speyer – St. Bernhard – Mahnmal des Friedens

Jubiläum feiern und Versöhnung befördern wollte man am 23. August 1953 in Speyer. Zum 800. Todestag des Heiligen Bernhard von Clairvaux wurde an diesem Tag der Grundstein der St. Bernhardskirche gelegt. Die zu seiner Ehre errichtete Kirche „soll die Friedensmission des hl. Abtes von Clairvaux in einer durch Unfriede zerrissenen Gegenwart aufs neue aufnehmen und ein ragendes Denkmal der Versöhnung sein zwischen Deutschland und Frankreich ..." So angemessen feierlich steht es in der Urkunde. Man sieht es der Kirche im neoromanischen Stil heute nicht mehr an, welch starke Erwartung einmal mit ihrer Errichtung verbunden war. Tausende von Menschen strömten damals herbei. Zum ersten Mal waren die Straßen der Stadt mit Autos verstopft. Die hohe, auch politische Symbolik wurde durch die Anwesenheit des französischen Ministerpräsidenten und Außenministers Robert Schuman, des Bundeskanzlers Konrad Adenauer, des Hohen Kommissars Frankreichs André François-Poncet, des rheinlandpfälzischen Ministerpräsidenten Peter Altmaier und anderen hochrangigen politischen Vertretern beider Länder unterstrichen. Die Idee eines Kerneuropas lag in der Luft. Ebenso bei der Weihe der Kirche im Jahr darauf, bei der die Bischöfe von Speyer, Mainz, Metz und Straßburg zugegen waren. Sie verkörperten die erstrebte Einheit eines christlichen Abendlandes. Die Kirche, welche von Deutschen und Franzosen erbaut wurde, bedarf heute schon gezielter Erinnerung, denn die Versöhnung zwischen Deutschland und Frankreich ist zur Selbstverständlichkeit geworden und das rheinisch-lothringische Christentum ist im sich erweiternden Europa heute nur noch ein verblassender Aspekt.

St. Bernhard, eine Kirche deutsch-französischer Versöhnung

Kaum 100 Schritte stadteinwärts stand das altehrwürdige Guidostift, das 1801 aufgelöst wurde. In seinem Garten befand sich das sogenannte „mirakulöse Kreuz", das mit französischen Schicksalen und Symbolhandlungen eng verbunden ist. Bei der Zerstörung der Stadt 1689 sollen französische Soldaten beim Versuch, es zu demolieren, verunglückt sein. Ein Grund für die hiesige Bevölkerung, es als Wunder wirkend zu verehren. Daraufhin hat es ein französischer Besatzungsoffizier, der Marquis de Chamby, in ein Tuch hüllen und nach Frankreich verbringen lassen. Die Speyerer ließen 1698 ein neues Kreuz fertigen und aufstellen. Doch während der Französischen Revolution wurde auch dieses von den Franzosen beseitigt. Damit ein solches Hin und Herr nie mehr stattfinde, leistet die benachbarte Jubiläums- und Versöhnungskirche St. Bernhard ihren Beitrag.

Speyer – Liller Halle

Die „Liller Halle“ im Technik-Museum Speyer hat ihren Namen von der nordfranzösischen Stadt Lille. Für ein Transformatorenwerk in Lesquin bei Lille wurde sie im Jahre 1913 von der Firma Thomson-Houston gebaut, heißt es. Oder war sie doch einmal eine Bahnhofshalle in Lille selbst? Das Bauwerk stellt heute ein markantes Beispiel der Industriebaukunst dar und steht unter Denkmalschutz. Während des Ersten Weltkrieges wurde die Stahlkonstruktion von deutschen Truppen abgebaut. In der Folge wurde sie nach Speyer transportiert und am heutigen Standort für die Pfalz-Flugzeugwerke fest eingemauert. Die Pfalz-Flugzeugwerke waren in den ersten zwei Jahrzehnten des vorigen Jahrhunderts das attraktivste Speyerer Unternehmen und der größte Arbeitgeber in der Stadt. Der Betrieb fertigte in der Halle nicht weniger als 2500 Flugzeuge. Nach dem 1. Weltkrieg nutzte die französische Besatzungsmacht die Baulichkeit, gab sie aber schon 1924 wieder zur industriellen Fabrikation frei. Ab 1937 diente die Halle – sie gehörte jetzt den von den Nazis gleichgeschalteten Flugzeugwerken Saarpfalz – als Werkstatt für alle gängigen Flugzeugtypen. 1945 bis 1984 wurde sie

Die große Ausstellungshalle des Technik-Museums Speyer wurde während des 1. Weltkriegs von Lille nach Speyer verbracht.

dann wieder von den Franzosen militärisch genutzt, allerdings nicht mehr zum Flugzeugbau. Nachdem die Besatzung ihn wieder freigegeben hatte, wurde der Bau durch das auf dem Gelände entstehende Technik-Museum renoviert und von diesem 1991 als zentrale Ausstellungshalle in Betrieb genommen. Erst jetzt setzte sich der Name „Liller Halle" durch und wurde zum Begriff. Trotz ihrer beachtlichen Dimensionen platzt die Liller Halle, gefüllt mit vielen Objekten des Boden- und Luftverkehrs, aus allen Nähten. Ihr wechselvolles deutsch-französisches Schicksal endet in der friedlichen Zurschaustellung von Flug- und anderen Objekten aus beiden Ländern und von anderswoher.

Steinweiler – Napoleonsäule

Napoleonsäulen gibt es nicht nur in Paris und auf Korsika, sondern auch in der Pfalz, nämlich im südpfälzischen Steinweiler. Steinweiler gehörte zu den Gemeinden, die 1792 mit Bergzabern um Aufnahme in die Französische Republik baten. So wurden hier schon früh die ehemaligen Kloster- und Kirchengüter als Nationalbesitz versteigert. Zum Zuge kamen dabei eher Ortsfremde, etwa der Mannheimer Kaufmann Heinrich Hartmuth und seine Erben Osthoff. Bei der Auflösung des Speyerer Bistumsgehöftes in Steinweiler war Hartmuth wieder dabei und wohl auch der Begütertste im Ort. Der Mannheimer war Franzosenfreund und offensichtlich auch Napoleonanhänger, denn zur Geburt von dessen erstem legitimen Sohn mit Kaiserin Marie Louise im Jahr 1811 ließ er eine Säule zur Erinnerung an dieses Ereignis errichten. Sie steht am Ortsausgang von Steinweiler in Richtung Kandel. Eine zum selben Anlass errichtete Napoleonsbank existiert allerdings seit ihrer Zerstörung im Zweiten Weltkrieg nicht mehr.

Die Säule aus dem Jahre 1811 erinnert an die Geburt des ersten legitimen Sohnes von Napoleon.

Das französische Zweibrücken

Unter den vielen deutschen Residenzen, die im 18. Jahrhundert in Deutschland nach dem Vorbild von Versailles entstanden sind, ist die Herzogsstadt Zweibrücken vielleicht die französischste gewesen. Von ihrer herausragenden Mittlerstellung zwischen Frankreich und Deutschland ist baulich leider wenig geblieben. Die Zerstörungen im Zusammenhang der Französischen Revolution und später besonders im Zweiten Weltkriegs haben dafür gesorgt, dass man heute auch hier schon auf gezielte Spurensuche gehen muss, um das französisch inspirierte und an der französischen Grenze liegende Zweibrücken zu erahnen. Das das Stadtbild prägende Schloss, nach 1945 in der äußeren Form wieder errichtet, ist keine französische Architektur, sondern eher nordischer Barock, stammt es doch aus der Zeit, als Zweibrücken schwedisch regiert wurde. Verschwunden sind das Landhaus Tschifflick, das Jagdschloss Jägersburg, das Palais Forbach und das Schloss Karlsberg, um die wichtigsten Bauwerke zu nennen. Es waren dies die herausragenden Zeugnisse französischer Bau- und Lebenskultur des 18. Jahrhunderts im Herzogtum Pfalz-Zweibrücken, die vor allem unter Herzog Christian IV. empor geblüht waren. Doch die Ironie der Geschichte will, dass es gerade Franzosen waren, die diese Zeugnisse in den Jahren nach der großen Revolution vernichtet haben. Tschifflick, das Landhaus des Polenkönigs Stanislaus I. Leszczińsky mit seinen Gartenanlagen, fiel der Zerstörungswut ebenso zum Opfer wie die anderen Schlösser, Paläste, Gärten und die Orangerie der Feudalherren mitsamt den teilweise prächtigen Inneneinrichtungen, die ja von den führenden Herstellern Frankreichs je nach dem Geschmack der Zeit geliefert worden waren. Das ungeheuer weitläufige Schloss Karlsberg, das erst 1791 fertig geworden war und dann nach kaum zwei Jahren gleich sehr gründlich dem Erdboden gleichgemacht wurde, war beispielsweise im goût arabesque unter hohem finanziellen Aufwand errichtet worden. Die dortige Sammlung Zweibrücker Gewehre befindet sich heute im Pariser Musée de l'Armée. Schloss Jägersburg war nach Plänen des renommierten Pariser Architekten Mansart de Sagonne entstanden. Das elegante Stadtschloss der Gräfin von Forbach plante der ebenso bekannte Pierre Patte.

Zu der Annäherung an Frankreich war es durch die elsässischen Besitzungen von Herzog Christian IV. gekommen, die unter französischer Lehenshoheit standen. Eine stärkere Orientierung an Frankreich war naheliegend. Dazu kam das kunstsinnige Wesen des Herzogs, der gern nach Paris reiste. Mit Frankreichs König Ludwig XV. war er gut befreundet, mit dessen Maitresse Madame de Pompadour pflegte er Konversation so oft es nur ging. 1751 hat er einen Freundschaftsvertrag mit Frankreich abgeschlossen und dafür Gelder kassiert, die er wiederum in seine Bauten und Gartenanlagen stecken konnte. In Straßburg zeugt der „Zweibrücker Hof" bis heute von der ehemaligen Bedeutung des Herzogtums, das gegen Ende des Alten Reiches in Erwartung glücklicher Wittelsbacher Erbfolge einen etwas vorlauten Stil gepflegt hat. In seinem Pariser Palais betreute der melomane Herzog den Komponisten Christoph Willibald Gluck, der auch in Zweibrücken tätig war.

Das nach dem Krieg wieder aufgebaute ehemalige Schloss der Zweibrücker Herzöge beherbergte viele hohe Gäste aus Frankreich und die berühmte Bibliotheca Bipontina.

Zweibrücken – Herzogsvorstadt

Der Zweibrücker Herzog Christian IV. hegte umfangreiche Ausbaupläne für seinen Residenzort. So sollte eine großzügige Vorstadt mit urbanem Charakter entstehen. In der Herzogsvorstadt sollten vor allem repräsentative Häuser für die höheren Beamten gebaut werden. Gedacht war an eine spätbarocke Plananlage, ganz nach französischem Vorbild, allerdings von einem Zweibrücker Baumeister realisiert. Die großzügigen Wohnhäuser sollten vor allem für die Entourage des Herzogs errichtet werden. Doch die Beamten wollten angesichts der aufwendigen und kostspieligen Behausungen nicht unbedingt dort Wohnung nehmen. Als sich abzeichnete, dass es zu wenig Bauwillige sein würden, hat Christian IV. mit Hilfe von Lotteriegeldern selbst gebaut. In der Herzogsvorstadt stehen noch einige Häuser original aus dieser Epoche, so beispielsweise das Mannlich-Haus. Goethe hat sich bei seiner Durchreise dort wohl gefühlt. Andere sicher auch.

Heute ist die ehemalige Herzogsvorstadt um den großzügigen Platzraum durch die Bemühungen der Denkmalpflege in ihren Konturen wieder sichtbar, wohl das Französischste, was die Pfalz baulich zu bieten hat.

Großzügiger, französisch inspirierter Platzraum und schön restaurierte Palais

Zweibrücken – Gestüt

1755 war es soweit. Nach einer Englandreise und begeistert durch englische Vollblüter: Herzog Christian IV. von Pfalz-Zweibrücken hatte in seinem Land ein eigenes Gestüt. Mindestens zwei Pferderassen hat er gezüchtet. Auch sein Nachfolger setzte dieses herzogliche Hobby fort, nachdem es das Zweibrücker Gestüt schon bald zu großem Renommee gebracht hatte. Doch 1793 kamen die Revolutionstruppen und verbrachten die edlen Tiere nach Rosières-aux-Salines bei Nancy. 1802 kamen sechs Hengste wieder zurück. Napoleon, vermutlich beeindruckt von der Zweibrücker Rasse, ordnete 1806 die Wiedereinrichtung der Anstalt als „Haras Impérial“ an, als Kaiserliches Gestüt. Das innerstädtische Gelände des in den Revolutionswirren zerstörten ehemaligen Schlösschens der Gräfin von Forbach war da gerade recht. Und das ehemalige Theater als Marstall ebenso. 1811 schenkte der Kaiser dem Gestüt sogar seinen arabischen Schimmelhengst Fayoum, der ihn so grandios durch die Schlachten von Wagram, Eylau und Austerlitz getragen hatte, zu Zuchtzwecken. Kein Wunder, dass Zweibrücken ein großer Name unter den europäischen

Genoss die Gunst Napoleons: das Zweibrücker Gestüt

Gestüten war. 1814, als sich das Ende der napoleonischen Ära abzeichnete, floh der Gestütsdirektor mit den Pferden Richtung Versailles. Was allerdings misslang. Die historischen Baulichkeiten wurden in den letzten Tagen des 2.Weltkriegs zerstört und bei der Weiterführung der Einrichtung als Landesgestüt durch neue ersetzt.

Zweibrücken – Bibliotheca Bipontina

Heute ist die Bibliotheca Bipontina eine wissenschaftliche Regionalbibliothek und gehört zum Landesbibliothekszentrum Rheinland-Pfalz. Das Besondere ist ihr etwa 12.000 Titel umfassender Altbestand, der aus den ehemaligen fürstlichen Bibliotheken aus Pfalz-Zweibrücken und aus Birkenfeld sowie aus der Bibliohek des Fürstlichen Gymnasiums in Zweibrücken hervorging. Die alten Bücher haben natürlich sehr viel mit Frankreich zu tun, haben doch die genannten Grenzfürstentümer und die Stadt Zweibrücken enge kulturelle Bindungen mit dem Nachbarland gepflegt. Untergebracht war die ab 1753 neu organisierte Büchersammlung in einem Flügel der älteren Schlossanlage. Gegen Ende des Ancien Régime gefiel sich der Zweibrücker Hof nicht nur in der Nachahmung französischer Hofhaltung, sondern speziell auch in der Herstellung von in französischer Sprache gehaltenen Periodika für ein kosmopolitisch eingestelltes Publikum. In der Pariser Hofbuchdruckerei ließ man Gazetten drucken, so die „Gazette universelle de littèrature aux Deux-Ponts“, ein eher allgemein kulturelles Blatt. Oder auch die „Gazette ou Journal politique des Deux-Ponts“ mit vorwiegend politischen Themen. Bis nach Frankreich verbreitet waren auch die Editionen griechischer und lateinischer Klassiker „Editiones Bipontinae“ seit 1779. Diese Erzeugnisse des Verlagsortes Zweibrücken beweisen allein schon durch die Verwendung der französischen Sprache wie nahe man bei Hofe, bei den Adligen und beim gehobenen Bürgertum Frankreich war. Diese Produkte waren nicht unbedingt nach dem Geschmack der Revolutionäre von 1789. So wich man auch zu anderen Druckorten aus, als Paris und Zweibrücken von den Sansculotten beherrscht wurde. Doch die Bücher überstanden im Gegensatz zu höfischen und kirchlichen Bauten in Zweibrücken die Revolutionswirren. Das Verdienst der Rettung gebührt Bibliotheksleiter Johann Georg Faber. Der ließ nämlich bei Herannahen der „Ausleerungskommissare“ im Jahre 1793 kurzerhand die Treppe zum ersten Stockwerk abreißen, wo sich die Bibliotheksräume befanden. Später wurden die Bücherbestände als dem Lyceum zugehörig erklärt, was der Konzeption von Schulbildung entsprechen konnte, wie sie das neue Paris im Sinn hatte. Auch später blieb die Bibliothek beim Humanistischen Gymnasium Zweibrücken angesiedelt. 1988 wurde sie selbständige Dienststelle des Landes, seit 2004 gehört sie zum Landesbibliothekszentrum Rheinland-Pfalz. Untergebracht ist sie im Gebäude des Helmholtzgymnasiums.

Tschifflick und die Fasanerie Zweibrücken

Was ist das für ein Name? Nicht französisch und nicht pfälzisch – und dennoch ist es der Name für eine Erinnerungsstätte der pfälzisch-französischen Begegnungen. Das Wort kommt aus dem Türkischen und heißt etwa „Landhaus". Am östlichen Rand der Residenzstadt Zweibrücken stand also ein Lustschlösschen mit barocker Gartenarchitektur. Erbaut wurde es ab 1715 für den polnischen König Stanislaus I. Leszczyńsky, der in die Mühlen der europäischen Bündnispolitik geraten war und wie ein „König ohne Land" 1714 mit Hilfe des Dynasten Karl XII. von Schweden als Übergangslösung in das Herzogtum Pfalz-Zweibrücken eingesetzt wurde. Stanislaus baute in Zweibrücken, doch sein Lieblingsaufenthaltsort wurde das Idyll „Tschifflick". Seine Tochter Maria kam mit 11 Jahren dorthin. Sie pflanzte in dem Garten ein Kirschbäumchen, an das sie sich auch später, längst zur Königin von Frankreich geworden, gern erinnerte, denn sie ließ sich jährlich Kirschen von diesem Baum nach Versailles schicken. Das Idyll war 1718 zu Ende. Ihr Vater wurde Herzog in Lothringen mit glänzender Hofhaltung in Lunéville. Die

Was vom ehemaligen Lustschlösschen Tschifflick der exilierten polnischen Königsfamilie übrig blieb: ein Romantikhotel mit edler Gastronomie.

berühmte Place Stanislas in Nancy lässt die Erinnerung an diesen „philosophischen König“ aufleben. Die Zweibrücker Herzöge nutzten Tschifflick und seine Umgebung mit den „Prinzenhäusern“, Wiesengründen und Weihern, Pavillons und Wasseranlagen. Es passte ja zur luxuriösen Art der Zweibrücker Wittelsbacher zu Ende des Ancien Régime. Allerdings verschwand das Schlösschen schon bald, längeren Bestand hatte der schöne Park, ihn verwüsteten erst die Revolutionssoldaten im Jahr 1794. Heute ist dieses Idyll nur sehr mühsam erahnbar. Ein Wildrosengarten ist dort entstanden. Ein Hotel „Landschloss Fasanerie“ bietet sich zur Einkehr an, mit Spitzenkoch und französisch inspirierter Küche.

Zweibrücken restauriert den großen Barockgarten um Tschifflick und die ehemalige Fasanerie. In ihm befinden sich noch manche Bauteile und Figuren der alten Anlage.

Pfälzer Klassiker im Wellhöfer Verlag

Willi Gutting

Unter dem Roten Dom

96 Seiten,
8,90 Euro

Unter dem Roten Dom“ gehört zu den erfolgreichsten Erzählbänden Willi Guttings. In seiner unnachahmlichen Art schildert er das Leben der Kinder, der Schiffer, der Handwerker und der Wäscherinnen, die die Altstadt unweit des Speyerer Doms prägten, und lässt so die Welt der kleinen Leute im Speyer des frühen 20. Jahrhunderts lebendig werden.

„Über den kleinen Häusern samt ihren biederen, kleinen Leuten saß der lange Dom wie ein bruthütender Alter über seinen Jungen, tagsüber ein mächtiger, rot geschmückter Palast, nachts ein ungeheures Schattenbild.“

Willi Gutting (1901–1986) zählt zu den bedeutendsten Erzählern der Pfalz.

Pfälzer Klassiker im Wellhöfer Verlag

FRIEDRICH W. HEBEL
Pfälzisches Sagenbuch

238 Seiten, gebunden,
16,80 Euro

Jeder Landstrich, jede Stadt und jeder Ort der Pfalz hat seine Sagen, die von Generation zu Generation weitergegeben wurden. Der auch als „Pfälzer Grimm" bekannte Friedrich Wilhelm Hebel widmete sein Leben der Sammlung dieses unerschöpflichen Sagenschatzes.
In seinem legendären „Pfälzischen Sagenbuch" von 1912, das hier in einer Neuauflage vorliegt, findet der Leser geheimnisvolle, schaurige und oftmals auch humorvolle Geschichten und Begebenheiten, die sich um die prägenden Plätze und Persönlichkeiten der Pfalz ranken.

„Hebel hat mit seiner Sammlung der gesamten Pfalz einen unschätzbaren Dienst erwiesen." (aus dem Nachwort von Karlheinz Schauder)

Hanns Glückstein im Wellhöfer Verlag

HANNS GLÜCKSTEIN

Der lachende Poet

Zusammengetragen
von Siegfried Laux

176 Seiten, gebunden
19,80 Euro

Im vorliegenden Sammelband hat Siegfried Laux eine Auswahl der schönsten Gedichte von Hanns Glückstein zusammengetragen und gibt anhand zahlreicher Bilder Einblicke in das Leben des Dichters und seiner Familie und Freunde. In seinen nur 43 Lebensjahren hat Glückstein einen unvergleichlichen Schatz stimmungsgeladener, heiter-melancholischer und humorvoller Gedichte hinterlassen. Er gilt bis heute als einer der bedeutendsten Dichter der Kurpfalz.

Hanns Glückstein durchleuchtet das Menschlich-Allzumenschliche vom Psychologischen her und traf mit seinen so leicht und locker klingenden Reimen den Nagel auf den Kopf.
(Mannheimer Morgen)

Hanns Glückstein im Wellhöfer Verlag

HANNS GLÜCKSTEIN

Der lachende Poet

Zusammengetragen
von Siegfried Laux

176 Seiten, gebunden
19,80 Euro

Im vorliegenden Sammelband hat Siegfried Laux eine Auswahl der schönsten Gedichte von Hanns Glückstein zusammengetragen und gibt anhand zahlreicher Bilder Einblicke in das Leben des Dichters und seiner Familie und Freunde. In seinen nur 43 Lebensjahren hat Glückstein einen unvergleichlichen Schatz stimmungsgeladener, heiter-melancholischer und humorvoller Gedichte hinterlassen. Er gilt bis heute als einer der bedeutendsten Dichter der Kurpfalz.

Hanns Glückstein durchleuchtet das Menschlich-Allzumenschliche vom Psychologischen her und traf mit seinen so leicht und locker klingenden Reimen den Nagel auf den Kopf. (Mannheimer Morgen)

Lina Sommer im Wellhöfer Verlag

Lina Sommer
Magister Fuchs

32 Seiten Großformat,
13 Zeichnungen,
14,80 Euro

Die liebenswerte Geschichte des Magisters Fuchs, dem ersten Lehrer, der die Schulpflicht in der Tierwelt einführen wollte, und auf anrührende Weise scheiterte. Wie das zuging, schildern Lina Sommer und Otto Dill mit spitzer Feder und einem unnachahmlichen Pinselschwung. Der hier erfolgte Nachdruck des schon 1905 erfolgreichen Kinderbuches ist ein Fundstück für Kinder und Erwachsene – ein kunstvoll gestalteter Seufzer zum Thema Schule.

Lina Sommer
Pälzer Hausapothek

190 Seiten, gebunden,
16,80 Euro

In der „Pälzer Hausapothek“ hat Lina Sommer ihre persönlichen Lieblingsgedichte und -geschichten ihres langen und erfolgreichen Dichterlebens zusammengetragen. Entstanden ist so eine Sammlung vergnüglicher, nachdenklicher und kunstvoller Beschreibungen ihrer Heimat und ihres Lebens das von Speyer aus seinen Lauf nahm. War ihr Leben auch von vielerlei Schicksalsschlägen und schweren Zeiten geprägt, folgte sie doch immer dem Motto ihrer ganz persönlichen „Hausapothek“:

„For jedi Krankheit – se hääß wie se will –
Is der Humor e heilsami Pill.“